ちくま新書

EU離脱
——イギリスとヨーロッパの地殻変動

鶴岡路人
Tsuruoka Michito

1477

EU離脱——イギリスとヨーロッパの地殻変動【目次】

はじめに

イギリスがEU（欧州連合）から離脱する。

これは、二〇一六年六月二三日にイギリスで行われた国民投票でEU離脱派が勝利したことに基づく決定だった。

国民投票結果は、イギリスの内外で衝撃をもって受け止められた。日本も例外ではない。国民投票結果が判明してから、日本の新聞もテレビのニュースも、この話題で持ち切りとなった。連日連夜、イギリスの問題がトップを飾ることなど、前代未聞だったといってよい。

なぜこれほどの注目を集めたのか。もちろん、イギリスのEU離脱自体が有する大きな国際的インパクトがあってのことだった。ただ、それだけでは説明できない。

衝撃が大きく、関心が持たれた大きな理由の一つは、離脱という結果になるとは予想されていなかったことであろう。結果が予想外だったために、衝撃の度合いが大きくなったのである。

しかし、国民投票キャンペーン中の各種世論調査を見れば、離脱派と残留派が拮抗《きっこう》していたことは明らかだったはずである。つまり、離脱派が勝利する可能性は常に存在していたし、それを誰も知らなかったことはあり得ない。

それでも、投票日の直前まで、「なぜこのような国民投票を実施するのか？」、「EU離脱という可能性が本当にあるのか？」という問いが発せられ続けていた。「イギリス人はどこまで本気なのか」と問い続け、半信半疑なまま投票日を迎えた人が、観察者の側では少なくなかった。

これは日本だけの現象ではなく、イギリスが行おうとしていることの意味と本気度が、国外ではあまり伝わっていなかったということであろう。さらにいえば、イギリス国内でも、ＥＵレベルでの活動が生活の当たり前の一部になっていたような層にとって、離脱を真剣に訴える人々の考えは全く理解できないものだった。

そして、いまあるものが失われることへのリアルな感覚は、残留派からも離脱派からも欠けていた。社会や政治への不満の表明として離脱に投票したら、意図せず離脱になってしまったという部分もある。

この国民投票への日本人の眼差しの背後には、日本人の典型的なイギリス観が介在していたといえる。イギリスといえば、「紳士の国」という表現に代表される、洗練、大人、冷静沈着といったイメージである。また、これには否定的な意味合いもあるが、結局は経済的利益に敏感な国民であるとの見方もあっただろう。これなくして、世界の金融界でこれだけの影響力を維持していることは説明できない。イギリスの国民性については、プラグマティズム（実用主義）という言葉もよく使われる。

だからこそイギリス国民は、最後には理性的・合理的な判断をすると、意識的にも無意識的にも期待されていたのである。それが覆されたために、大きな衝撃になった。しばらくは、「なぜだ、信じられない」といった反応が続き、その後は、「再度の国民投票などで、離脱を撤回するに違いない」という議論か、「イギリスとヨーロッパは歴史上も異なり、いずれこうなる運命だった」という議論が盛んになった。この二つの議論は、表面的には真逆であるものの、国民投票における残留派の勝利を期待し、信じていた観点からすれば、どちらも、ついついすがりたくなる議論である。

国民投票結果が合理性に反するのであれば是正されてしかるべきだし、そうなってしまった以上、そうなる運命だったと考えれば、少なくとも自分の心のなかでは納得がいくからである。

「○○であるはずだ」という議論の根底には、「○○であって欲しい」という意識が存在し、それは、これまでの自らの知識や理解に合致するものを求める心理でもある。しかし、それに引きずられたままではブレグジットの本質は理解できないのではないか。この思いこそが、本書を執筆する最大の動機である。

そこで本書を通じて、二つの視点を強調したい。第一は、イギリスのＥＵ離脱を避けられなかった運命だと捉えないことである。第二は、これをイギリス政治の分析に終わらせないことである。順にみていこう。

†「離脱必然論」を超えて

国民投票まではイギリスの残留を期待していた、ないし信じていた人の間でも、国民投票後は、「離脱必然論」が広まったようにみえる。「イギリスはヨーロッパではない」、「イギリスとヨーロッパは相容れない」、だから「ＥＵ離脱は必然だった」という議論のことである。

第二次世界大戦後のヨーロッパ統合にイギリスが当初参加しなかったことは事実である。当時のイギリスが、世界中に植民地を有する帝国だったことが大きい。「ヨーロッパとともにあるがその一部ではない」とは、ウィンストン・チャーチル首相の有名な言葉である。しかし、これを今回の離脱と直接につなげるのは、あまりに乱暴だろう。

一九七三年に遅れてヨーロッパ統合（当時のEEC・欧州経済共同体）に参加した後も、イギリスは「厄介なパートナー」と称されてきた。EU加盟国でありながら、政治統合のようなゴールは共有せず、ヨーロッパ単一市場の一部になることの経済的利益のみが目指されたというのである。実際、ヨーロッパ統合のことがイギリスでは長年「共同市場（Common Market）」と呼ばれてきた。

経済統合による経済的利益を追求することにイギリスは真剣だった。一九九二年末の単一市場の完成を目指して、一九八〇年代半ば以降、市場統合が進められるが、その過程で大きな役割を果たしたのはイギリスであり、それを支えたのは、今日では欧州懐疑派の起源ともされるマーガレット・サッチャー首相だった。

経済的利益のためにヨーロッパ統合に参加するというのは、長年のイギリスの基本的姿勢だったのである。しかし、二〇一六年の国民投票で示された国民の判断はこれに真っ向から反するものだった。だからこそ、それは大きな転換であり、衝撃的だった。

世の中、何が「必然」であるかは、基準をどこに定めるかによって変化するのである。大陸諸国と異なる歴史を歩んできたイギリスと、ヨーロッパ統合を通じて経済的利益を追求してきたイギリスは、どちらも現実であった。

また、二〇一六年にEU残留か離脱かを問う国民投票を実施したこと自体、必然ではなかった。二〇一三年一月に国民投票実施を表明したデービッド・キャメロン首相の最大の狙いは、残留派の勝利によって保守党内のEU離脱派(欧州懐疑主義者)の影響力を制御することだった。党内をコントロールする手段として持ち出したのである。

当時のキャメロン政権は親EU政党である自由民主党と連立を組んでおり、二〇一五年の総選挙後も連立政権が継続する場合は、保守党がいくら国民投票実施を選挙公約に掲げていたとしても、自民党がそれを受け入れる可能性はほぼなかった。しかし、大方の予想に反して保守党は単独過半数を獲得し、国民投票実施という公約が現実のものになったのである。国民投票実施自体が、事故、ないし偶然だったのである。

†離脱の正当化?

国民投票以後、結果に関する分析がさまざまになされた。その過程で、今回の投票結果が必然であったかのような理解が広まった可能性がある。というのも、(著者を含め)専門家と呼ばれる人たちに求められたことは、結果をいかに説明するかということだったからである。

「不合理な判断だった」や、「偶然の事故だった」という総括が本音だったとしても、それだけでは許してもらえない。そのため、移民への反感、国内の格差、グローバリゼーションから取り残された人々の反乱、ヨーロッパ統合からの疎外感、独仏主導のEUへの積年の反発、肥大化したEUへの懸念など、もっともらしい理由を並べざるを得なくなる。

もちろん、これらはいずれも重要な要因だっただろう。移民問題が問われたのは事実であるし、イギリスにおける欧州懐疑主義の伝統が、他国のそれと比してとりわけ強いことも否定できない。それらを検証することの重要性は自明であり、国民投票後に多数発表された研究により、諸問題に関する我々の理解は大きく進展することになった。

それでも、先述のような問題の存在は、離脱派勝利の十分条件ではなかったはずである。にもかかわらず、国民投票結果に関するこうした分析に接し続ければ、離脱派勝利が必然だったかのような錯覚に陥ってもおかしくない。

しかし、実際の結果は五一・九％対四八・一％だったし、残留派が勝利する可能性はいくらでもあった。仮に残留派が勝利していれば、イギリス人はやはり最終的に冷静な決定を行い、経済的利益を守る決定をしたのだという分析になったのだろう。

国民投票結果を左右し得る要素は無数に存在した。そのうち、いくつかでも条件が異なっていれば、残留派が勝利していただろう。例えば、労働党の党首が残留キャンペーンにいまひとつ積極的ではなかったジェレミー・コービンでなかった場合や、若年層の投票率がもう少し高かった場合などを考えてみればよい。少しの想像力だけで、結果はどちらに転んでもおかしくなかったことが分かる。

離脱派の勝利が必然だったなどということはあり得ないのである。実際、今日になって離脱が必然だったかのような主張をしている人の多くも、国民投票前は、残留派が勝利すると予測していたのではないか。

ブレグジットを考える際には、離脱の決定は必然などではなく、どちらに転んでもおかしくなかったという出発点に立つことが求められる。そうでなければ、国民投票後に繰り広げられたEU離脱をめぐる政治的混迷や、くすぶり続けた再度の国民投票実施や離脱撤回を求める動きも理解できなくなってしまう。

†高齢者に奪われた若者の未来

本書は、二〇一六年六月の国民投票自体の検証を目的としてはいないが、ここまで述べてきたことに関連して、触れておきたい数字がある。それは、国民投票における年齢層別の投票結果である。公式の統計ではないが、アシュクロフト卿の調査(Lord Ashcroft Polls)によれば、一八歳から二四歳までの年齢層では、実に七三%が残留だったのに対し、六五歳以上では六〇％が離脱に投票した。若年層ほど残留の比率が高い。二五歳から三四歳でも六二％が残留だったのである[1]（図表1）。

これが意味することは、イギリスにおいても、若年層の間ではEUの存在が当たり前になっており、自らの将来を考えるうえでもEUという大きく広がった空間が意識されていた事実であろう。この点に関して、他のEU諸国の若年層と大きな相違はないのだといえる。

イギリスがEUに加盟して四〇年以上が経つなかで、それ以前の時代を知らない年齢層――つまり生まれたときからEU加盟国であった世代――がここまで「ヨーロッパ化」していたことは、特筆に値する。

「イギリスはヨーロッパではない」というのは、四五歳以上に限定の議論なのだろうか。もちろん、そこまで単純な議論は慎むべきだが、離脱票が残留票を上回り始めるのが、四五歳から五四歳の年齢層であることは示唆的である。

「高齢層が若年層の未来を奪った」という評価は、残酷なまでに現実なのである。長く労働党の下院議員を務め、現在は上院議員のジャイルズ・ラディーチェは、国民投票結果を受けて孫の一人から、「じいちゃん、あんたの世代が僕の人生を台無しにしたんだよ」と涙目で言われたことが忘れ得ないと述べている[2]。

図表1　国民投票における年齢層別の投票結果

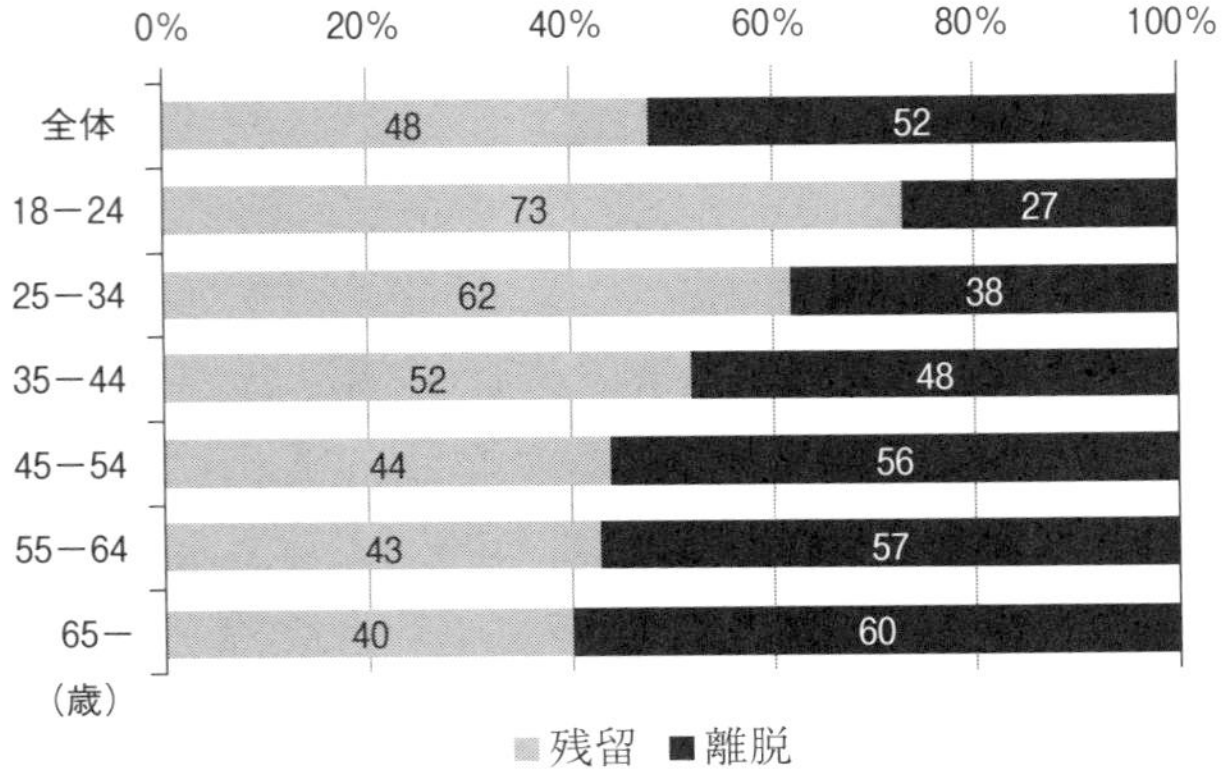

出典：Lord Ashcroft, "How the United Kingdom voted on Thursday... and why," Lord Ashcroft Polls, 24 June 2016.

図表2　もし二回目の国民投票を行ったらどちらに投票するか

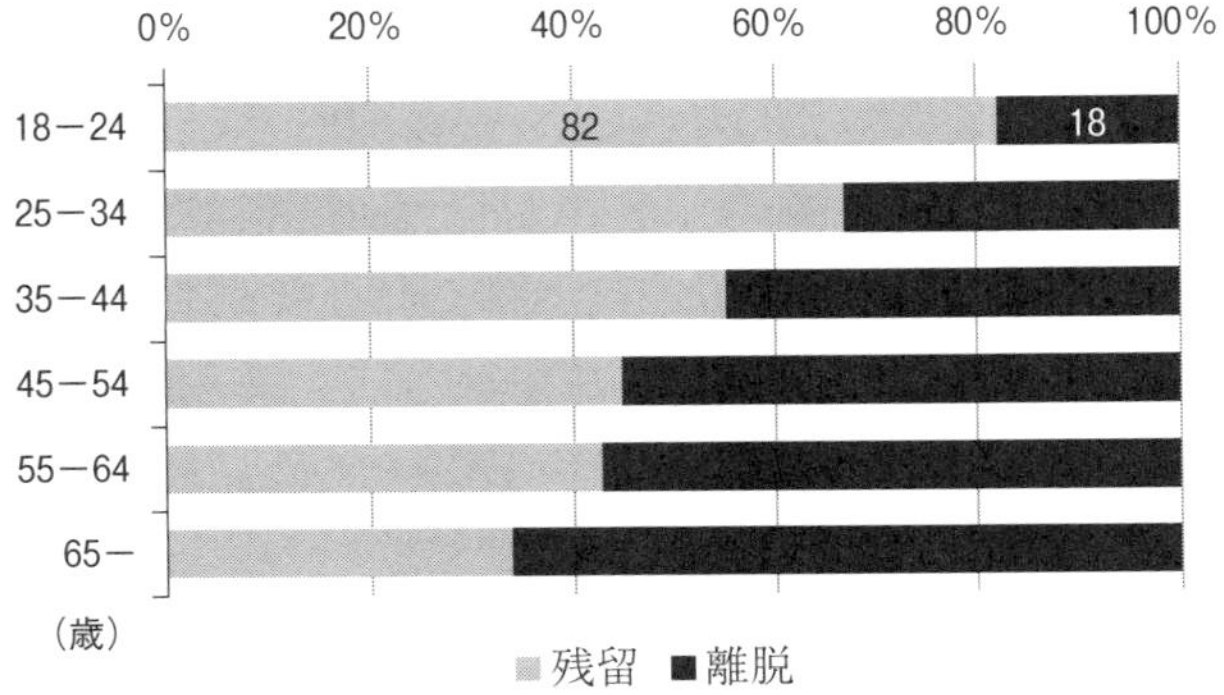

出典：Sir John Curtice, "How young and old would vote on Brexit now," BBC.com, 10 August 2018.

イギリスの若年層が、国民投票結果に失望したのみならず、ブレグジットをめぐるその後の政治の混迷ぶりを、いかに冷ややかにみているかは想像に難くない。この世代間ギャップは、今後のイギリス政治社会にとっての重大な課題である。

国民投票から二年後の世論調査では、さらに衝撃的な数字になった。再度国民投票が実施された場合の投票意図に関する質問で、一八歳から二四歳までの残留支持は八二％に上った[3]（図表2）。

このなかには、二〇一六年の国民投票以降に一八歳になり、新たに選挙権を得た有権者も含まれている。国民投票時点での一八歳以上の若年層については、もっと投票に行くべきだったという議論も可能だが、その時点で一八歳未満だった層は、意見を表明する機会のなかったまま、その影響を受けることになる。

いってみれば、二〇一六年の国民投票は、離脱派が勝利できる最後のタイミングだったのかもしれない。イギリス人の「ヨーロッパ化」は、僅差で国民投票に間に合わなかったものの、着実に進んでいた。

†イギリス中心議論を超えて

イギリスのＥＵ離脱問題をめぐる日本での議論の第二の問題は、イギリス国内政治に焦点が当てられすぎる点だろう。もちろん、ブレグジットはどのように考えたとしても、イギリスが勝手に作り出し、しかし自ら解決策を見いだせずにもがいてきた問題である。その意味でイギリスの問題でしかない。

ブレグジットをめぐってイギリス政治が異例の迷走を続けたことも、イギリス国内事情への関心を高めた。メイ首相と保守党内造反議員との攻防は、政治ドラマとして注目を集めるものであったし、メディア露出に長《た》けたポピュリスト政治家であるボリス・ジョンソンの動きは、二〇一九年七月に首相に就任して以降、さらに目が離せなくなった。結果としてブレグジット問題は、イギリスの内政ゴシップの延長として語られる機会が増えてしまった。

あるいは、より硬派な分析においても、イギリス政治専門家による同国の内閣や議会の制度、憲政などに関するものが多くを占めることになった。結果として、イギリス政治の諸制度に関する理解は進んだかもしれない。これは、二大政党制や政治主導などについて、イギリスを一つのモデルとして政治改革を進めた経緯を有する日本にとっては知的にも現実政治的にも興味深いものだったことは否定できない。筆者自身、期せずして多くを学ぶことになった。

しかし、それはブレグジットというコインの一つの面に過ぎない。離脱を交渉する相手はEUであり、しかも自発的意思によって離脱するのであれば、EU側の状況が無視できない。そして、離脱交渉を通じて明らかになったのは、EUから抜けることがいかに複雑で困難だったかである。

EUにはEUの事情がある。それにもさまざまな側面があり、状況に応じて変化するものでもあるが、イギリスにとっての離脱交渉がイギリスの将来に関するものだとすれば、EUにとってのそれがEUの将来に関するものであることは自明である。EUはEUの利益に基づいて行動する。

これを一方的にイギリス側から見れば、EUは、自らが内部に大きな問題を抱え、存亡の危機に立たされているが故に、イギリスに続いてEUを離脱する他の加盟国が登場することを恐れ、イギリスを懲らしめようとしている、という議論になる。イギリス国内におけるフラストレーションに基づく典型的な解釈である。

しかし、繰り返すが、イギリスにとってはイギリスの国益があり、EUにとってはEUの利益がある。どちらが良い悪いの問題ではない。イギリス側の事情と並び、少なくとも同程度にはEU側を視野に入れなければならない所以《ゆえん》である。

したがって本書は、「イギリス本」ではなく、イギリスとともにEUを分析することを目的としている。

これらの視点に立ち、以下本書では、ブレグジットはなぜこれほどまでの混迷を招くことになったのか、そして、この過程において明らかになったのは何だったのかを中心に考えていきたい。そこで浮かび上がるのは、イギリス政治の現状であるとともにEUの本質である。

本書の主眼はブレグジット自体であり、それをイギリスとEUの双方から分析していくが、ブレグジットは、世界に影響を及ぼすと同時に、世界から影響を受けてきた。

二〇一六年六月のイギリスでの国民投票で離脱派が勝利した数カ月後の同年一一月には、ドナルド・トランプが米大統領選挙を制した。そのしばらく前から、さまざまなヨーロッパ諸国で、ポピュリスト勢力が台頭する政治状況が生まれていた。

こうした国際的潮流も重要だが、どんなに強い潮流があったとしても、それによって国民投票での離脱派の勝利や、それに続くブレグジットが不可避だったわけでないことは、改めて強調されなければならない。

他方で、ブレグジット自体が、第二次世界大戦後の国際秩序を突き崩す大きな一歩になってしまったことは無視できない。というのもブレグジットは、貿易の自由化や市場の拡大という、リベラルな国際秩序の経済面での方向の真逆をいくものだからである。加盟国数を拡大してきた戦後ヨーロッパ統合にとっても初めての後退となる。

本書はあくまでも分析が主眼であり、特定の政治的立場を主張するものではないが、筆者の立場を最初に示しておく必要があるかもしれない。一言でいえば、イギリスのEU離脱はイギリス自身の利益にもEUの利益にもならないということである。二〇一六年の国民投票は、先述のとおり、どちらに転んでもおかしくなかった。その意味で、国民投票結果は必然ではなく、偶然の産物だった。それでも、メイ政権による「離脱は離脱」という主張を受け、離脱交渉が実際に進められるなかで、離脱を撤回して残留を新たに選択するコストも上昇したのではないか。

二〇二〇年一月末に離脱協定に基づいて円滑なブレグジットが実現されるのであれば、おそらくそれは、再度の国民投票や離脱撤回をめぐる政治的対立と混迷がさらに長く続くよりはマシな結果といえるのではないかと、筆者は考えている。

これは、残留派から離脱派への転向ではないが、何の観点から何が望ましいかは、時の経過とそのときどきの条件によって大きく変化するのである。

†本書の構成

以下、第一章では、二〇一六年六月の国民投票から離脱交渉にいたるイギリスとEUの双方の状況を振り返ることで、「ボタンの掛け違い」の原因を探る。「なぜこんなことになってしまったのか」の基本的構図を明らかにしたい。

第二章と第三章では、二〇一八年一一月にメイ政権のもとでEUと合意された離脱協定が、イギリス議会下院で否決され続け、メイ政権の退陣、そしてジョンソン政権の誕生にいたる過程を分析する。二〇一九年三月末とされた離脱期日も延期されることになる。この、いわば土壇場でのイギリスとEU双方における議論には、ブレグジットの論点が凝縮されていたといえる。また、ジョンソン政権になってからの「合意なき離脱」をめぐる攻防、そして二〇一九年一二月の総選挙による保守党の勝利は、離脱への道におけるもうひとつの山だった。

第四章は、「主権を取り戻す」という、イギリスのEU離脱派が主張し続けてきた議論を検証する。EUを離脱することで、EUに移譲していた主権がイギリスに戻ってくるようなイメージがある。しかし実際のブレグジットは、主権を取り戻すどころか、主権と影響力のさらなる喪失をもたらすことが確実である。そして、連合王国の存続自体が危機にさらされる事態に陥っている。

第五章は、ブレグジットにおいて最も困難な問題になった北アイルランド国境問題を改めて検証する。何が問題となり、いかに対処されたのか。ジョンソン政権による北アイルランド限定の特別措置は、将来的に北アイルランドのイギリスからの離脱、アイルランド共和国との統一を求める動きにつながりかねない点を指摘する。

第六章は、再度の国民投票や離脱撤回に関する議論を振り返る。これらは実際には選択されなかったわけだが、ブレグジットの構図を理解するためには、いずれも重要な論点を提示していた。

第七章では、離脱後のEUとイギリスの関係を展望する。ひとたび離脱が実現したのちの焦点は、FTA(自由貿易協定)締結など、将来の関係構築の交渉である。ジョンソン政権が目指すのは、メイ政権時の想定よりもレベルの低い――より浅く、遠い――関係である。そこにはどのような考慮や課題が存在するのか。

第八章では、イギリスが離脱した後のEUと、EUから離脱したイギリスの、それぞれの将来を考える。イギリスの離脱は、EU域内のパワーバランスに大きな変化をもたらす。また、EU離脱後のイギリスは、「グローバル・ブリテン」を標榜し、EUの足かせから自由になって世界に羽ばたくイメージを打ち出している。しかし、これがどこまで可能であるかは、批判的に検討する必要がある。というのも、これまでの世界におけるイギリスの影響力の少なくとも一部は、ＥＵ加盟国であるという事実によって支えられていたからである。

終章は、ブレグジットは何をもたらすのかと題して、ブレグジットが意味するものを、イギリス、ＥＵ、国際秩序の各レベルで改めて整理したい。

なお、本書は、ブレグジットの政治過程を対象とするものだが、紙幅の関係もあり、すべてを網羅的に論じているわけではない。また、経済や法制度などの詳細については、扱えていない問題が少なくない。予め断っておきたい。

ブレグジット年表

2013年1月	キャメロン首相、EU残留・離脱を問う国民投票実施を提案
2015年5月	英総選挙、保守党単独政権へ／国民投票実施が現実に
2016年6月	EU離脱・残留を問う国民投票で離脱派勝利／キャメロン首相辞任表明
2016年7月	メイ内相が保守党党首に当選／メイ政権発足
2017年3月	リスボン条約に基づき英、離脱意思をEUに通知／2年間の交渉期間開始
2017年6月	英総選挙、メイ首相の保守党が過半数を失い、少数与党に
2017年12月	英・EU進捗報告：北アイルランドの自由な国境の保証、EU市民の権利保護などの原則で基本合意
2018年7月	メイ政権、ブレグジットへの基本方針「チェッカーズ提案」を発表
2018年11月	メイ首相がEUとの間で離脱協定、政治宣言に合意（「メイ合意」）
2019年1月	英議会は離脱協定を230の大差で否決
2019年3月	英・EU間で北アイルランド安全策の運用に関する確認文書合意 英議会2度目の否決 欧州理事会、小幅な離脱期日延期を承認
2019年4月	欧州理事会、英申請に基づき離脱期日を最長2019年10月末に延期
2019年5月	欧州議会選挙／英国も参加するも保守党は大敗 メイ首相、袋小路に陥り退陣表明
2019年7月	新たな保守党党首にジョンソン前外相選出、ジョンソン政権発足
2019年10月	「離脱延期法」成立：「合意なき離脱」回避・離脱延期申請を義務付ける ジョンソン首相、EUとの間で新たな離脱協定・政治宣言に合意（「ジョンソン合意」） ジョンソン首相、「署名なしの書簡」で延期申請／欧州理事会が延期を承認し、離脱期日は2020年1月末に 英議会下院解散、総選挙へ
2019年12月	新欧州委員会発足（フォン・デア・ライエン委員長着任） 英総選挙でジョンソン首相の保守党が勝利／650議席中365議席獲得
2020年1月末	英EU離脱／移行期間へ
2020年6月末	移行期間延長決定期日
2020年12月末	移行期間終了／「合意なき離脱（移行期間終了）」の懸念

第一章
国民投票から離脱交渉へ

国民投票から一夜明け、勝利を喜ぶ離脱派。
(ロイター/アフロ、2016年6月24日)

二〇一六年六月二三日のイギリスにおけるEU残留の是非を問う国民投票の結果は、世界に衝撃をもたらした。最終結果は離脱が五一・九パーセント、残留が四八・一パーセント、票数の差は約一三〇万票だった。

そもそも離脱派と残留派の支持率は拮抗しており、結果がどちらに転ぶかは予測できなかった。

加えて、投票の一週間前には残留派の労働党ジョー・コックス議員が暗殺されたことを受け、一時キャンペーンが中断され、追悼ムードが広がったこと、そして経済的に大きな損失をもたらすことの確実な離脱という選択肢をイギリス国民が最終的に選択するわけはないとの見方から、僅差ではあっても残留が選択されるという観測が強まっていた。

投票日夜の開票プロセスの初期においても、当初は残留派の票が上回り、離脱派の代表格の英国独立党(UKIP)のナイジェル・ファラージ党首が敗北を認めたと受け取れる発言をするなど、残留ムードが強くなった時間帯があった。それを受けて世界の株式市場でも楽観ムードが広がり、一時値上がりした。

それだけに、開票が進むにつれて離脱票が増え、最終的に離脱という結果になったことは大きな衝撃であり、この一日だけで世界の市場も乱高下したのである。

イギリスでは、国民投票結果を受けてキャメロン首相が辞任した。後任の首相には、保守党党首選に勝ったテレーザ・メイ氏が就任し、EUからの離脱という一大仕事を担うことになった。同氏はキャメロン政権の内相で、EU残留派だった。

この国民投票結果は、イギリス以外のEU諸国(およびEU諸機関)――以下、「EU二七」と表現――にも、言葉でいいあらわせないほどの衝撃をもたらした。EUから加盟国が抜けることなど、それまで想像できなかったし、したくなかったというのが正直なところだったからである。

本章ではまず、国民投票から離脱交渉にいたる、離脱問題の前提となる基礎的な部分を振り返ることにしたい。

†二つのボタンの掛け違い

イギリスのEU離脱問題を考える際にまず明らかにしなければならないのは、そもそも「EU離脱」が何を意味するのかである。自明であるようでいて、必ずしもそうではない。EU離脱に関して持たれているイメージは、人によって大きく異なっていたのが実態ではないか。そして、このことが議論のすれ違いの原因となった。

イギリスのEU離脱を示す用語としては、Britain(イギリス)とexit(離脱)を合わせた造語であるBrexit(ブレグジット)が広く使われている。当初は離脱派が好んで使っていた用語であり、響きがよいことから急激に広まった。それに対して残留派の一部は、Britain と remain（残留）を合わせた造語の Bremain（ブリメイン）という言葉をつくってみたものの、ブレグジットのような発音のしやすさと簡潔さがなかったことから、一般にはほとんど流通しなかった。

ブレグジットという言葉が人々にクールなイメージを与えたことが、国民投票に何らかの影響を及ぼした可能性も否定できない。EU条約上の正式な用語は「脱退する（withdraw）」であり、exit は、当初非公式に使われていた言葉にすぎない（「出口」という意味の exit がここでは動詞として使われる）。しかし、メイ首相の下で、離脱問題を集中的に扱う役所として、「EU離脱省（Department for Exiting the European Union）」が設置され、exit という言葉が政府の組織名として正式に使われることになった。

離脱の意味するものは、法的には極めて明確である。EU離脱とは、EUの基本条約であるリスボン条約の締約国であるのをやめることを意味する。それ以上でも以下でもない。リスボン条約を締結しているか否かが、EU加盟国か非加盟国かを決する。その意味では、一〇〇かゼロしか選択肢はない。条約の半分を批准するということはあり得ないし、「準加盟」のようなカテゴリーもEUには存在しない。

しかし実際には、一〇〇とゼロの間には無数の選択肢があり、さらに重要なことに、E

U加盟国としてのイギリスの、いわば「加盟の度合い」は一〇〇とは程遠い状況にあったし、離脱後にEUとの関係が完全になくなることもあり得ない。一〇〇とゼロの間で、受け入れ可能な着地点を探すのが離脱交渉だった。一〇〇もゼロも最初から選択肢になかったものの、一〇〇とゼロの論争のようなイメージが流布していたのではないか。これが第一のボタンの掛け違いだった。

第二に、それでも加盟と非加盟の差は大きく、イギリスは、EU加盟国として四〇年以上にわたる期間を過ごすなかで、自らが意識していた以上に、EUに組み込まれていたのである。この点に関する思い違いも、EUとの離脱交渉を困難にした。

†なぜこんなことになってしまったのか……

そして、まさに案の定、イギリスのEU離脱をめぐる議論は迷走に迷走を重ね、政治は混迷を深めることになった。

二〇一六年六月の国民投票を受け、イギリス政府は国民投票結果を受け入れる決定を行い、次の焦点は、リスボン条約第五〇条の規定に基づくEUに対する離脱意思の通告を、どの段階で行うかになった。

メイ政権はこれを先延ばししつつ、しかし、離脱交渉に向けてのイギリスの方針を固める前に、ある意味見切り発車として、二〇一七年三月二九日に離脱意思の通告を行った。これにより、二年間と規定された離脱交渉が正式に開始したのである。離脱期日は二〇一九年三月二九日になった。

歴史の後知恵かもしれないが、本来であれば、自らの交渉方針を定め、それに関する少なくとも与党内の合意を確実にしてから、EUとの交渉に臨むべきであった。これらを欠いていたことで、後に大きな代償を支払うことになる。

それでも、EUとイギリスの交渉は、実務レベルでは粛々と進められ、各段階での紆余曲折はあったものの、最終的には二〇一八年一一月に首脳レベルで合意が成立した。離脱条件に関する「離脱協定（Withdrawal Agreement）」と離脱後の関係構築の方向性を示した「政治宣言（Political Declaration）」が署名されたのである。

しかし、イギリス議会下院は二〇一九年一月に歴史的大差で離脱協定を否決することになる。これによりブレグジットは振り出しに戻ったのである。政治的なこじれが深刻化したことを踏まえれば、振り出し以前だったかもしれない。

離脱協定の議会承認が見通せないなかで、協定が承認されないままに離脱期日を迎えてしまうという、「合意なき離脱（no deal Brexit）」への懸念が現実のものとなった。その場合には、両者の関係を規定する枠組みが消滅するため、EU・イギリス間の物流が停滞し、特にイギリス側において国民生活にも大きな影響が及ぶとされた。懸念される混乱に対応するために、軍の待機を含めた非常事態対処計画の準備が進められ、食料や医薬品の備蓄が呼びかけられるなど、二一世紀の欧州とは思えない事態にまで陥った。

多くの人にとっては、「なぜこんなことになってしまったのか」と思わざるを得ない状況だった。イギリス人にとってもそうだし、EU側にとってもそうだった。

†迷走を続けたイギリスの要因① EUへの無理解

ブレグジットの過程が混迷を極めた背景には、離脱交渉でイギリスが求めるものが不明確であり、さらに、それに関するイギリス(特に議会)内のコンセンサスが決定的に欠如していたという事情が存在した。そのために、各段階においてイギリス側の準備不足が露呈する現実があった。その意味では、まさにイギリスが自ら作り出した危機という以外にない。改めて振り返ったとき、混迷の要因として重要な点は、以下の三つである。

第一は、離脱交渉の困難さがイギリス側ではそもそも全く理解されていなかったことだった。国民投票後しばらく、EUからの離脱など「簡単」であるという発言が、EU離脱担当相を含む現職の政府高官からも頻繁に聞かれた。無責任な発言であり、世論に誤った影響を及ぼした可能性が高い。ただし、彼らの多くは、意図的に国民を騙したのではなく、おそらく本当に理解していなかったのだろう。

先述のとおり、EU加盟国としてのイギリスは、EUの全ての領域に完全に参加していたのではない。EU単一通貨ユーロを採用していない他、出入国管理を原則として撤廃したシェンゲンにも参加していないなど、EU統合においていくつかの重要な「オプト・アウト（適用除外）」を獲得していた。

その結果、イギリスはEUに完全には参加していなかったような感覚が広く持たれていた。それ自体は間違いではないものの、片足、ないし半身のみEUに入っていたと認識していたために、それから抜けることも簡単だと考えてしまった。そこに落とし穴があったのだろう。

しかし現実のイギリスは、EUの完全な加盟国であり、特に単一市場に関しては、制度の構築に中心的な役割を果たし、その恩恵を最大限に受けてきた国の一つだった。国境なき経済活動は、EUにおける単一市場の誕生後、当たり前のものとして認識されてきたが、EUの制度に支えられてはじめて成立するものであり、EUからの離脱はそれを全て失うことを意味した。

半世紀近くにおよぶEU加盟の結果、多くのイギリス人――特にEU離脱派の多く――が考えていた以上にイギリスはEUにどっぷりと浸かっていた。製品の基準認証や各種規制を含め、国内に浸透しているEUの諸制度を一つ一つ取り除き、EUとイギリスとを切り離す作業は膨大なものとなる。まさにレジーム・チェンジ（体制転換）である。

これを甘くみたことの代償は大きかった。結局、EUがどのように機能しているかについても、多くの政治家は理解していなかったということなのだろう。

†迷走を続けたイギリスの要因②　交渉目標の不一致

混迷を招いた要因の第二は、離脱交渉における最も重要な目標が、経済的利益なのか、「主権を取り戻す」というスローガンに象徴される政治的なものなのかについての国内のコンセンサスが欠けていたことである。

国民投票キャンペーン中は、残留派が経済的利益を、離脱派が主権を強調していた。そのため、離脱派は離脱の経済的影響を低く見積もる傾向にあった。しかし、マイナスの影響の全てを否定していたわけではない。経済的損得よりも、主権やアイデンティティの問題が重要だと主張したのである。そのため、離脱による経済的損失を強調することで残留支持を呼びかけるという政府の戦略は成功しなかった。議論がすれ違っていたのである。

離脱交渉における「ソフト・ブレグジット（穏健離脱）」と「ハード・ブレグジット（強硬離脱）」の間の論争も、基本的には同じ構図であった。関税同盟や単一市場への残留や類似の枠組みを構築することを通じて、ブレグジットによる経済的損失を少なくしようとするのが「ソフト」派だった。それに対して「ハード」派は、それでは離脱の意味がなく、「合意なき離脱」を含めて、EUとの関係を可能な限り絶ち、イギリスは自律性を取り戻すべきだと訴えたのである。経済的な利害よりも、主権が重要だという主張である。

国民投票キャンペーンにおいてのみならず、離脱交渉が進むなかでも、両者のギャップが埋まることはついになかった。それでも、離脱期日が迫るなかで、究極のハード・ブレグジットである「合意なき離脱」を懸念する主として経済界の声もあり、メイ政権としてはより現実的なラインに引き寄せられていくことになった。

それでも政権内の不一致は深刻で、二〇一八年七月にメイ政権がまとめた離脱方針「チェッカーズ提案」は、EUの単一市場・関税同盟からの離脱を表明しつつ、物の自由な流通を確保するために「共通規則（コモン・ルールブック）」を採用するという中途半端なものになった。これは、EUに拒否されたのみならず、ジョンソン外相などの辞任につながった。

構造的背景としては、いかなる選択をしても、経済的損失を完全には回避できないというう大きなジレンマが存在した。しかも、経済的損失を完全に回避したいのであればEUに残留すればよいのである。しかし、その選択肢は予め自ら封印しているという、極めて不自然な状況での議論にならざるを得なかった。

第二、三章で詳しくみていくが、メイ首相が二〇一八年一一月にまとめ上げたEUとの離脱協定は、残留派を含めた「ソフト」派には「ハード」すぎ、「合意なき離脱」論者を含めた「ハード」派には「ソフト」すぎたのである。その結果、議会で過半数の支持を得られる案が存在しないという事態に陥った。

そもそも、メイ首相が「離脱は離脱（Brexit means Brexit）」として、離脱に突進しようとした選択も、目標が明確になった側面はあったかもしれないが、国内の亀裂を悪化させたことは間違いない。国民投票で離脱に投票したのは五一・九％のみであり、離脱のみを強調してしまっては、四八・一％の国民を無視することになる。最初から半数近くの国民を切り捨てて国内のコンセンサスを形成することは無理である。

国民投票結果を尊重するとしても、政府の政策に、四八・一％の声をいかに反映させるかという視点が、本来は不可欠だったのだろう。メイ政権最大の失敗といってよい。

迷走を続けたイギリスの要因③　その場しのぎのレッドライン

第三に、メイ政権の打ち出した譲歩できないレッドライン（絶対的条件）に無理があったことも、後にEUに対する譲歩を迫られたり、袋小路に陥ったりする結果をもたらした。

当初強調されたのは、人の移動の完全な管理、欧州司法裁判所（ECJ）の管轄権の廃止、EU予算への多額の支出の終了などであり、さらには、世界中でFTA（自由貿易協定）を締結する自律的な貿易政策の遂行を謳《うた》った。しかし、これらを貫徹しようとすれば、不可避的にかなりのハード・ブレグジットになってしまう。さまざまに言及されたレッドラインが、どこまで全体として調整され、それぞれの意味するものが吟味されたうえで示されたのか疑問であった。

イギリス政府が繰り出すレッドラインは、EUとの交渉における譲れない一線というよりは、国内向けのポーズにすぎなかったともいえる。EUに強い姿勢で臨むことをアピールするのが目的だったのだろう。しかしそれではまともな交渉にはならない。

交渉の出発時点から、イギリスの立場は一貫性がなく、国内向けのその場しのぎのものだったのである。

†維持されたEUの結束

ブレグジットをEU側からみる場合に重要なのは、EU二七にとっては、イギリスの将来よりも自分たちの将来のほうが重要であるという現実である。当然のことであろう。EU二七にとっての離脱交渉もまた、自らの利益を守るための闘いだった。

具体的には、ＥＵの基礎である単一市場の一体性を維持することが何よりの課題であり、そのためにも、イギリスとの離脱交渉においては、二七カ国が結束を維持することが求められた。そして、それは概ね達成された。

当初は各国が「抜け駆け」でイギリスとの二国間ディールの締結に走ることで、ＥＵの足並みが乱れる懸念が指摘されていた。それに比べれば、実際の結束の維持は想定以上の結果だったといえる。

単一市場の一体性とは、物、サービス、資本、人という「四つの自由移動」に関わる問題であり、これらが不可分であることが全ての前提となる。つまり、自国にとって都合のよいものだけの「いいとこどり（cherry-picking）」は許されないのである。具体的には、人の移動に制限を付けるのであれば、他の三つの自由移動も認めないという点が最も重要な部分だった。

この背景には、イギリスに対して例外を認めてしまっては、他にも人の自由移動のみの制限を求める加盟国が出てくるかもしれず、それを避けるためにも厳しい姿勢をとる必要があったという事情もある。ＥＵの単一市場も完璧なものではないとの指摘もあり、それは正しいものの、それでも原理原則を曲げるわけにはいかないのである。

また、前述のようなイギリスのレッドラインの観点でいえば、ＥＣＪの管轄権を全く認めないのであれば、単一市場に残留することもできない。単一市場における諸規則はEU内で一律に適用される必要があり、法的な紛争が発生した場合にはECJに委ねることが不可欠になるからである。また、もし単一市場に参加するのであれば、いわば「参加費」としてEU予算への相応の拠出も求められることになる。

†「離脱ドミノ」の懸念から「ブレグジット疲れ」へ

ただし、イギリスに続いてEU離脱を希望する加盟国が続出するという「離脱ドミノ」の懸念は杞憂に終わった。イギリスにおける欧州懐疑主義と、他国におけるそれとの間に質的な違いがあったことがまず指摘できる。加えて、離脱決定を受けてのイギリス政治・社会の混乱を見せつけられ、離脱の魅力が大きく減退したことも大きかったと思われる。

実際、イギリスの国民投票後のEU二七における世論調査では、EU加盟への支持が軒並み上昇し、一部の国では史上最高を記録することになった[4]。イギリスの二の舞にはなりたくないという感情が存在しているのだろう。

同時に、イギリスの交渉方針が揺れ動く状況が続くなかで、EU側にはフラストレーションが溜まることになった。「ブレグジット疲れ」である。他に緊急課題のない、いわば平穏な時代であればイギリスとの離脱交渉に多大な時間とエネルギーを費やしてもよかったかもしれないが、長引く移民問題、解決からは程遠いユーロ危機、ユーロ圏改革、さらにはテロ対策など、実務レベルから首脳レベルまで、EUとして取り組まなければならない問題が山積していた。その結果、これ以上ブレグジットに煩わされたくない、「もういい加減にして欲しい」というのがEU側の本音になったといえる。

ただしこれは、「早く出て行って欲しい」というメッセージではなかった。その証拠に、当初の離脱期日を直前に控えた二〇一九年春になっても——あるいはこの段階になったからこそ——EUのさまざまな指導者からは、イギリスが離脱を翻意しEUに留まることを期待するような発言が聞かれた。EU側も実にアンビバレントだったのである。

第二章
延期される離脱

離脱協定を議会で通すことができず、保守党党首辞任を表明するメイ首相(当時)。
(AP/アフロ、2019年5月24日)

メイ政権は二〇一九年一月から三月にかけて、離脱協定のイギリス議会での承認に失敗し続けた。このイギリスの迷走ぶりは、ブレグジット問題の困難さと、イギリス政治の機能不全を強く示すことになった。

政治ドラマとして興味深かったのみならず、この間の議論は、ブレグジットに関する根源的な問題をあぶり出すことにもなった。

他方で、それをみるEU側の眼がさらに厳しいものになっていったことは、想像に難くない。それでも、「合意なき離脱」はEUとイギリスの双方にとって避けるべきものだった。そのため、最終的には離脱の延期という選択肢がとられるが、そこにいたるイギリス国内の政治的駆け引きは、熾烈《しれつ》なものになった。

本章ではその過程を振り返ることで、何が問われたのか、そしていかなる対立の構図がみられたのかを紐解くことにしたい。

†離脱期日を控えたイギリス議会での攻防

二〇一八年一一月にEUとイギリスとの間で合意された離脱協定は、当初同年一二月にイギリス議会下院で採決にかけられるはずだったが、根強い反対のために承認の目処が立たないことからメイ首相は採決の延期を決定した。

翌年一月に実施された採決ではしかし、与党提案の案件であったにもかかわらず、二三〇票差という、イギリス史上最悪といわれる票差で否決された。与党保守党からは一一八名にのぼる空前の造反が出た。これを受けてメイ政権はEUとの「再交渉」を約束し、その努力がなされた。後述のとおり、離脱協定本体の修正にはいたらなかったものの、議会での議論自体は、時期と共に少しずつ変化していった。

二〇一九年一月の最初の離脱協定否決時から、三月初旬ごろまでの変化の第一は、単純だが離脱期日が迫ったことである。議員個人レベルにおいても、切迫感が増していたのだろう。合意を承認するにしても否決するにしても、残りの日数が少なくなればなるほど、その結果は国民生活や経済を含めて、ダイレクトに大きな影響を有してしまう可能性が高い。特に「合意なき離脱」の危険性が強調されるなかでは、離脱協定への反対票を投じ続けることへの心理的ハードルが上昇することも考えられた。

第二に、離脱期日の延期や、さらには再度の国民投票の可能性が従来より高まった。少なくともそのような議論が増加したことは否定できない。従来は、「現行の離脱合意(deal)」と「合意なき離脱(no deal)」が主たる選択肢だと考えられていた。そうしたなかでは、「悪い合意(bad deal)」よりは「合意なし(no deal)」のほうがマシであるとの議論が頻繁に聞かれ、強硬離脱派の議員の多くが離脱協定に反対票を投じたのである。

しかし、悪影響の大きな「合意なき離脱」は避けるべきであるという声が、与野党を問わず議会においても多数を占めていた。そのため、議会では「合意なき離脱」を避けるための試みが行われた。

政府として「合意なき離脱」の方針を決定するような場合には、多数の閣僚や閣外相による抗議の辞任が予想され、メイ政権の存続自体が難しくなるといわれた。それに対して強硬離脱派は、「合意なき離脱」への元来の支持に加え、その可能性を残すことがEUとの交渉にも有利だと説明した。

†離脱期日延期の浮上

離脱協定の承認も、「合意なき離脱」も無理だとすれば、残る選択肢は離脱期日の延期しかない。そこで、議会における対立軸は、「現行合意（deal：以下、「メイ合意」）」対「合意なき離脱（no deal）」から、「メイ合意」対「離脱延期」に変化することになった。

政府としては、従前の図式であれば「合意なき離脱」を選択するが、新たな図式のもとではメイ合意のほうを選ぶという離脱派の翻意に期待を寄せたのである。

というのも、強硬離脱派にとって、延期は受け入れにくかったという事情がある。離脱延期の先には、せっかく勝ち取ったはずのブレグジットが取りやめになってしまうことへの懸念があったからである。メイ首相が、延期の場合でも「短期間で一回限り」である点を強調したのは、ひとたび延期してしまえばブレグジット自体がなくなってしまうとの懸念に応えるためである。

単純化すれば、一月に合意への反対票を投じた強硬離脱派の選好は、「合意なき離脱」＞「メイ合意」＞「離脱延期」＞「残留」である。先頭二つの間の選択であればメイ合意には反対となるが、「合意なき離脱」を除いた選択の場合はメイ合意に賛成となる。少なくとも理屈ではそのような議論が可能だが、そのような合理的判断が成り立たないのがブレグジットをめぐる政治的状況だったのかもしれない。

延期をめぐって聞こえてくるさまざまな声も、離脱派の疑心暗鬼を生むことになった。EU側からは、短期の延期では問題の解決にならず、イギリスが抜本的な方針転換をするのであれば二〇二〇年末までの二一カ月の延期が必要という議論も存在した。

また、野党労働党コービン党首は、重い腰を上げ、再度の国民投票実施を支持する方針に舵を切った。再度の国民投票が実際に行われる可能性は、結局ほとんど高まらないままに推移することになる。しかし、たとえ実現の見通しがほとんどなかったとしても、離脱期日延期の先に国民投票という新たな可能性が生じたことは、離脱派にとっては憂慮すべき事態だった。

コービン自身はEUに懐疑的な政治家だが、再度の国民投票実施を求める勢力の多くは残留派であり、二〇一六年の国民投票結果を覆すことを狙っていた。だからこそ、離脱派の警戒も高まらざるを得なかった。

†変化しない現実?

二〇一九年一月の初回の採決での票差は二三〇あったため、協定承認に持ち込むには一〇〇名以上の議員を翻意させなければならなかった。

延期が事実上の残留(no Brexit)に転化してしまうことへの懸念は確かに強力だが、一月に反対票を投じた議員が立場を変えるにあたっては、やはりもう少し前向きの正当化が必要だった。

そこで焦点となったのは、イギリスの一部である北アイルランドと、EU加盟国であるアイルランド共和国との間の自由な国境を維持するための「安全策(バックストップ)」である(第五章)。EU離脱後に設定される二〇二〇年末の移行期間終了までに他の恒久的措置が見つからない場合は、臨時の措置としてイギリス全土をEUとの事実上の関税同盟に留めることで、北アイルランドの国境管理の必要性を回避する案であり、離脱協定に含まれていた。これが反発を招いたのである。

ＥＵの関税同盟からの離脱を主張する立場からは認めがたいし、さらに、臨時の措置といいながらイギリスの一存では終了させられず、まさに「抜けられない罠」になってしまうことへの懸念と反発が表明された。政府側は、安全策が実際に発動される可能性が低く、導入されたとしても期間限定の措置である点の確認を求めてＥＵとの再交渉に臨むことになった。

また、原理原則として、メイ合意の内容よりハードな離脱を求める強硬離脱派にとっては、あくまでも「合意なき離脱」を目指すという道も残されていた。たとえ離脱が一度延期になっても、その後、新たな離脱協定が承認されない限り、延期された期間の最後、例えば五月末や六月末に再び「合意なき離脱」の可能性が浮上するからである。特にメイ首相がいうように、短期間の延期であればそのようなシナリオは十分に現実性のあるものだった。

†「制御された合意なき離脱」？

そこで取り沙汰されるようになったのが、第三の道としての「制御された合意なき離脱（managed no deal）」である。「交渉による合意なき離脱（negotiated no deal）」とも呼ばれた。「合意なき離脱」のための準備を進め、関係国との間で緊急に必要となる分野の合意を二国間で行うというのである。

これに対しては、「合意なき離脱」を制御するのは不可能であるといった反対論も根強かった。それでも、例えばEU関係者が「合意か合意なき離脱か(deal or no deal)」の二者択一だと強調した背景には、それ以外の選択肢、すなわち「制御された合意なき離脱」のようなものは存在しないのだと釘を刺す意図が隠れていた。

†EUとの「再交渉」から「合意なき離脱」回避へ

二〇一九年一月の議会での否決を受け、メイ政権はEUとの協議に入った。離脱協定自体の再交渉はEU側が強く否定したことから、焦点は何らかの合意の形成になり、最終的には三月一一日の夜にメイ首相がストラスブールに出向き、ジャン=クロード・ユンカー欧州委員会委員長との間で、離脱協定に関するものを含むEU・イギリス共同文書に合意した。[5]

この合意は政治的な文書であり、離脱協定を変更するものではなく、同協定の文言に関する解釈を確認し合うという性格のものだった。詳細は第五章で議論するが、安全策がイギリスの意に反して恒久的に適用されてしまうのではないかとの懸念にこたえるために、新たな枠組みに関する交渉における「最大限努力義務」や、紛争解決メカニズムなどに言及したが、すべて、すでに離脱協定に含まれているものだった。

三月一一日のEUとの合意を受けて注目されたのは、ジェフリー・コックス法務長官の見解だった。一二日朝に公表された「法的意見（Legal Opinion）」のなかで同長官は、焦点となっていたアイルランド国境に関する安全策がイギリスの意思に反して永遠に続いてしまうリスクは軽減されたものの、法的な状況は「何も変わっていない（remains unchanged）[6]」と述べた。

これが、結果として強硬離脱派の協定賛成へのハードルを上げたとみられている。法的な解釈はそのとおりであり、コックス長官は、閣僚・政治家としての立場ではなく、法律家・弁護士としての立場を維持したのだといわれた。

コックスの法的意見が発表された直後に行われた離脱協定に関する二回目の採決で、同協定は再び否決された。票差は一四九票だった。二〇一九年一月の際の二三〇票差での否決に比べれば、票差が縮まった。約四〇名が反対から賛成に立場を変えたのである。

それでも、政府提案がこれだけの大差で敗北するのが異常事態だったことに変わりはない。与党保守党からの造反は七五票だった。メイ政権にとっての主要な敵が、野党よりもまずは保守党内にあるという構図は不変であった。

これを受けて翌三月一三日の別の採決では、「合意なき離脱」に同意しないという動議が可決された。賛成票の多くは野党労働党だったが、保守党からも一七票の造反による賛成が出た。三二一対二七八だった。

ただし、これは法的拘束力のない決議であり、メイ首相が強調したように、この時点での法的な既定路線が三月二九日の離脱であることに変わりはなかった。これはEU（離脱）法（European Union [Withdrawal] Act of 2018）に「離脱日（exit day）」として規定されており、これが改正されない限り自動的に「合意なき離脱」になってしまうのが現実だった。

†離脱期日延期へ

そうしたなかで、「合意なき離脱」を避けるためには離脱期日を延期する以外に方法がないという見方が、メイ政権内を含め広がっていった。

そして迎えたのが、離脱期日の延期をめぐる三月一四日の採決である。これがどのような文言になるかについて、事前にはあまり明確なイメージが共有されていなかったが、メイ政権の提案した動議は以下のようなものだった。

メイ提案は、EUに対して離脱期日の延期を要請するにあたり、「三月二〇日までに離脱協定が可決されていれば六月末までの短期延期」だが、「三月二〇日までに離脱協定が可決されていない場合は、それ以上の大幅延期」というものだった。問題は、後者の場合には、延期の「明確な目的」が問われる他、六月末を超えて延期する場合には五月に欧州議会選挙を実施する必要が生じるとみられることだった。

これは、ある意味不意打ちだったといってよい。特に後者からは、大幅延期へのハードルをあえて高くする政府の意図が強く窺われた。結局この動議は四一二対二〇二の大差で可決されたが、反対票のほとんどは保守党議員だった。

この動議の注目点は、現行の離脱協定が可決されないままでの小幅延期の可能性が排除されたことだった。小幅延期は、あくまでも離脱協定が可決されたうえで、その実施のために必要な立法措置を進めるために必要な技術的な時間の確保のためとされたのである。そして、三月二〇日までの現行の離脱協定に関する三回目の投票の実施方針が示されたということでもある。

この背景には、このまま数カ月延期しても、何も決められないという現状がただ続くだけであり、それでは何の問題も解決せず、意味がないというメイ政権の強い危機感が存在した。そしてメイ首相は、三月二一日から始まる欧州理事会を前に、再度の賭けに出ることになった。

大差ですでに二度否決されたものを、三度目で可決に持ち込むことは、ブレグジットでなくても極めて困難な課題であろう。さらに、三月一二日の否決から、次の採決までの間にEU側からさらに新しい譲歩を勝ち取れる可能性は皆無に近かった。「可能なことはすでに全て行った」というのがユンカー委員長やミシェル・バルニエEU主席交渉官の立場だった。そのため、「三度目の正直」を実現するためには、EUとの関係ではなく、イギリス国内の政治力学のなかで何をどう変えられるかが焦点になった。

†「三度目の正直」への賭け――強硬離脱派への脅し

先述のように、強硬離脱派の選好は、「合意なき離脱」＞「メイ合意」＞「離脱延期」＞「残留」である。これは変わっていない。メイ首相の戦術は、まず「合意なき離脱」という選択肢を排除したうえで、現行協定に賛成しなければ大幅な期日延期になり、それは残留の可能性を伴うものであることを、いわば脅しとして使い、強硬離脱派によるメイ合意への賛成を促そうというものだった。

ここで鍵を握るのは、「合意なき離脱」実現の可能性が本当にゼロなのか、という点であった。というのも、強硬離脱派（のなかでもさらに強硬派）にとって、メイ合意が望ましくない以上、少しでも可能性が残っているのであれば「合意なき離脱」の追求を諦めたくないと考えたとして不思議ではなかったからである。

†メイ政権の計算とEU側の情勢

メイ政権が、離脱協定の承認ができた場合にのみ小幅延期を求め、承認できないままの場合は大幅延期であるとした背景として、強硬離脱派への脅しに加えて指摘できるのは、イギリスに対する視線が厳しくなっていたEU側の情勢であった。

離脱期日の延期にはEU二七の合意が必要であり、EU側の考え方をイギリスとしても踏まえなければならなかった。これまでの離脱交渉を経て、EU側には「ブレグジット疲れ」のような認識が広まっており、これ以上の議論に付き合わされたくないというのが本音だった。

そのため、数カ月延期したところで何も解決しないのではないかという、いわば突き放したような見方が優勢になっていた。他方で、総選挙や再度の国民投票の実施により、EUからの離脱という方針自体に変更が生じるような可能性があるのであれば認めるという声が、欧州のさまざまな指導者から聞こえていた。メイ政権としても、そうしたEU側の状況を無視できなかったのであろう。先述の三月一四日の政府提出動議は、まさにそうしたEU側の見方ときれいに一致している。

†EUの「最後通牒」

こうしたイギリス政治の混乱に対するEUの視線は当初から厳しいものだった。これ以上ブレグジットをめぐる問題に翻弄されたくなかったのである。

EUは二〇一九年三月末のイギリスの離脱期限を目前にした三月二一日から二二日にかけてブリュッセルで欧州理事会(EU首脳会合)を開催し、初日の二一日にブレグジットに関する集中討議を行った。当初の予定では午後のセッションのみがこの問題にあてられていたが、大幅に長引き、結局ドナルド・トゥスク欧州理事会議長(EU大統領)とユンカー委員長が揃って記者会見に臨んだのは、夜中の一二時に近かった。

イギリスのメイ首相は、午後のセッションの冒頭に出席し、離脱期日の延期と、離脱協定等の解釈に関して三月一一日にストラスブールで合意された先述文書(五二頁)の欧州理事会としての承認を求めた。そのうえでイギリス議会での離脱協定審議をめぐる状況を説明し、各国首脳からの質問は二時間近くに及んだという。しかし、下院での承認の見通しがついていない状況は隠しようもなく、また、再度の採決で否決された場合の対応についても、明確な方向性を示すことができなかった。

それを受けてイギリスを除くEU加盟国首脳は、結局、ストラスブール合意を承認したうえで、(一)次週(三月二五日の週)までに英議会で離脱協定が承認された場合は、立法などの必要な作業のため離脱日を五月二二日に延期する、(二)次週までに離脱協定が承認されない場合は、メイ政権に対し四月一二日までに「その後の方針(a way forward)」をEUに伝えるように求めることで合意した。延期の幅や条件については、加盟国間で激しい議論があったと報じられた。

メイ首相は欧州理事会直前の三月二〇日のトゥスク議長宛て書簡で、六月三〇日までの離脱期日の延期を求めていたが、これは拒否される格好になった。それでもどうにか、三月二九日の「合意なき離脱」は回避されることになったものの、四月一二日という次の期日は何とも急であるし、それが決定されたのは、メイ首相の参加していない場であった。イギリスの将来をEU二七カ国が決める構図であり、離脱交渉におけるEUとイギリスとの力関係を象徴的に示していた。

加えて、EU首脳は、メイ首相が期限までに離脱協定への議会の承認を取り付けられる可能性が、極めて小さかったことを完全に理解していたようである。そうである以上、欧州理事会の決定の本質は、四月一二日という「最後通牒」の発出だったといえる。そこに残された可能性は、同日の「合意なき離脱」か、離脱の大幅な延期かの二つだった。

†EUの対英不信、苛立ち、懸念

こうしたEUの決定の背後にあったのは、イギリスに対する極めて強い不信感や苛立ちであり、さらにはEU側が損害を被ることへの懸念だったのだろう。メイ首相が国内どころか議会、さらには閣内すらもまとめられず、離脱協定の承認が全く進まなかった以上、これ以上メイ首相を信用するわけにはいかないのが、EU側からみた現実だった。四月一二日と五月二二日という小刻みな延期の議論は、そうした不信感を反映したものである。

大きな考慮事項の一つは、五月二三日から二六日に予定されていた欧州議会議員選挙であり、四月一二日というのは、そのための手続きを完了させる期日だった。欧州議会選挙が実施されるタイミングでEU加盟国であれば、イギリスも選挙への参加が加盟国としての義務となる。そのためEU側は、三月中に離脱協定が承認されない場合は、四月一二日までに明確な方針を示すように求めたのである。

この期日までにイギリスが「合意なき離脱」を選択した場合、離脱日は四月一二日になったはずである。他方で、三月中に離脱協定が下院で承認された場合も、離脱日は当初メイ首相が求めた六月三〇日ではなく、欧州議会議員選挙の始まる前日にあたる五月二二日とされた。これも、イギリスに対する不信や苛立ちの結果だといえる。

欧州議会議員選挙はEU政治においては極めて重要なものであり、それまでにブレグジットを片づけておきたいという政治的思惑があったのだろう。ブレグジットは「ウイルス」のようなものであり、その悪影響をいかに食い止めるかという発想である。

加えて、選挙日を過ぎてもイギリスがEUに残留しつつ選挙に参加しなかった場合に、それは、欧州議会選挙の投票権を有するイギリスに住むEU市民の権利侵害になる恐れがあった。さらに、例えば六月末までの予定で選挙日を超えてイギリスがEUに残留し、選挙後に離脱日をさらに延期せざるを得ないような状況が生じた際の問題を回避しようという考慮もあった。

いずれにしても、最悪の場合に備え、法的な問題が生じるリスクを予め排除しておくという方針が貫徹されたといってよい。イギリスの信用はそれほどまでに失墜していたのである。

†「合意なき離脱」への覚悟は？

二〇一九年三月の欧州理事会にいたる過程では、エマニュエル・マクロン仏大統領などEU側の指導者から、英議会が承認しないのであれば「合意なき離脱」以外に選択肢はないといった勇ましい発言も聞かれた。しかし、「合意なき離脱」はイギリスと地理的に隣接している諸国——アイルランド、フランス、ベルギー、オランダなど——にとっては特に影響が大きく、可能な限り避けたかったのが実情である。イギリスとの経済関係が強いドイツのアンゲラ・メルケル首相が、秩序立った離脱のために「最後まで戦う」と述べた背景にもそうした事情があった。「合意なき離脱」による経済的損失を避けたいのは当然である。

トゥスク議長は三月の欧州理事会後の記者会見で、イギリスには現行合意、「合意なき離脱」、大幅な延期、離脱意思撤回の四つの選択肢が——それぞれの現実可能性はともあれ——残されていると述べた。「合意なき離脱」が避けられないという強硬論とは裏腹に、EU側がさまざまな可能性を残したことも、同欧州理事会での決定の特徴である。

ただし、「合意なき離脱」になる場合でも、その責任を負うのはイギリスであるべきだという点に関して、EU内では強いコンセンサスがあった。そのためには、イギリスからの離脱期日延期の要請を断ることで、EUがイギリスを「蹴り出した」ようなイメージになることは何としてでも避ける必要がある。

EUにとっては、あくまでもボールはイギリス側にある状況を維持することが求められ、三月中に議会承認が得られない場合は四月一二日までに方針を説明するように求めるという発想につながったのだろう。「合意なき離脱」の引き金をひくのは、イギリスでなければばならなかった。

EUも老獪《ろうかい》だといえるが、EUにとって重要なのはイギリスの将来よりも自らの将来である。指摘するまでもないだろう。北アイルランド国境に関する安全策の文脈でいえば、たとえ小国であっても加盟国であるアイルランドの利益のほうが、「第三国」になろうとするイギリスの利益より優先されるのである。

それでも、ボールをイギリス側に入れてあとは何もしないのがEUの方針だったとすれば、それはEUの利益にも反していた可能性があり、批判的な検討が必要かもしれない。「合意なき離脱」がEUの利益にもならないとすれば、EUとしてできることはもっと存在したのではないかという疑問が生じるからである。しかし残念ながら、この点に関するEU側の議論はほとんどなされなかったといってよい。

その背景には、ボールをイギリス側に投げておくことで、EUの結束が維持されていたという事情もあった。というのも、「合意なき離脱」のためにEU側が動くとすれば、単一市場の原則に関する譲歩など、EU内での困難な利害調整の必要性が生じかねなかったからである。

†停滞するEUの他の政策アジェンダ

もう一点指摘すべきは、ブレグジットへの対応が長引くことの影響である。EUが首脳レベルから事務レベルまでこの問題への対応に時間と資源を割く結果として、他の重要な課題への対応が疎かになっているとの懸念は、それまでもたびたび表明されてきた。

三月二一日の欧州理事会ワーキングディナーでは中国について議論することが予定されていたが、先述のとおり、ブレグジット問題への対応が長引いたため翌日に持ち越しになり、時間も大幅に短縮されてしまった。三月二一日深夜の記者会見では、ユンカー委員長も、産業政策、競争力などの課題をあげ、それらの政策を進めることこそが「我々の主たる任務」なのだと強調した。

さらに、イギリスの国内状況次第では臨時の欧州理事会が必要になる可能性もあった。しかし、こうした状況が続くことを快く思っていた欧州の指導者はおそらく一人もいなかっただろう。

どのような結論になるにしても、この問題に区切りをつけて、次なる課題に向かっていきたい。そうした、ほとんど「叫び」のような思いが示されたのが三月の欧州理事会だった。

†苛立ちと不信感の募るEU——再度の延期の決定

その後もイギリス議会が離脱協定を可決する目途はたたず、EUは四月一〇日の欧州理事会で、最長で二〇一九年一〇月三一日までイギリスのEU離脱期日を延期する決定を行った。同年三月に次いで二度目の延期となった。いずれもイギリスの要請に基づくものだった。

夕方六時に始まった会合が終わり、トゥスク議長とユンカー委員長による記者会見が始まったとき、時計の針は深夜二時をまわっていた。議論がそれだけ紛糾したのである。

同日の欧州理事会ではまずメイ首相による声明と質疑応答が行われ、EU二七のみによる協議では、延期の幅に関して異なる意見が出された。最終的に一〇月末までとされた決定は、当初一年間の延期を提案したトゥスク議長と、六月一日が限度とするフランスとの間の妥協の産物である。なお、メイ首相は四月五日付のトゥスク議長への書簡で六月三〇日までの延期を要請していた[7]。

二〇一九年四月一〇日の欧州理事会で採択されたイギリスのEU離脱延期に関する方針は次のようなものだった。EUの視点からの重要な論点を含んでいるため、若干長いが引用しよう[8]。

・延期の目的は離脱協定の批准のためであり、一〇月三一日を期限として、それまでに批准が完了すればその翌月一日に離脱（第二パラグラフ――以下「パラ」と表記）。
・延期がEUの通常業務を阻害してはならず、五月二二日までに離脱協定が批准されない場合は、EU法に基づきイギリスも欧州議会議員選挙に参加する義務がある。もしこれを履行できない場合は六月一日に離脱（三パラ）。
・離脱協定の再交渉はあり得ず、これに関するイギリス単独の声明やコミットメントは全て同協定に沿ったものであること、および協定の履行を妨げてはならないことを再度強調（四パラ）。
・延期期間中は将来の関係に関する交渉は開始できないものの、将来の関係に関する政治宣言の内容については、イギリスの立場が変化するのであればEUとして再検討する用意がある（五パラ）。
・延期期間中、イギリスはEU加盟国として全ての権利と義務を有し、またイギリスは期間中どの時点でも、離脱意思を撤回する権利を有する（六パラ）。
・延期期間中も、条約の定める「誠意ある協力（sincere cooperation）」の義務に基づき、建設的且つ責任ある行動を行うとのイギリスのコミットメントに留意し、イギリスがこのコミットメントと条約上の義務を、離脱国（withdrawing Member State）としての状況に照らして果たすよう期待する。そのためイギリスは、特にＥＵの意思決定過程に参加するにあたり、ＥＵの任務の達成に協力することとし、ＥＵの目的の実現を脅かす行動はとらない（七パラ："the United Kingdom shall facilitate the achievement of the Union's tasks and refrain from any measure which could jeopardise the attainment of the Union's objectives"――ここで強い義務を示す「shall」が使われている点に注目）。

・（イギリスの離脱に関する）条約第五〇条に基づく会合に加え、（イギリス以外の）二七のＥＵ加盟国と欧州委員会、関係ＥＵ機関はあらゆるレベルにおいて、イギリスのＥＵ離脱後に関する諸問題を議論するために会合する（八パラ）。

・欧州理事会はこの問題（ブレグジット）に引き続き取り組み、二〇一九年六月の会合において進捗状況をレビューする（九パラ）。

†増大するＥＵの懸念

延期の幅をめぐって意見が割れ、特にフランスのマクロン大統領が可能な限り小幅の延期を主張した背景には、二〇一九年五月の欧州議会議員選挙における反ＥＵなどのポピュリスト勢力が伸長することへの懸念があった。加えて、窮地に立たされたメイ政権、ないしその後にイギリスで誕生するかもしれない強行離脱派の政権が、加盟国としての地位を使い、意思決定をブロックするなどEUへの妨害行為に出ることへの警戒があった。

イギリスによる妨害行為への懸念に関しては、保守党強硬離脱派の筆頭格であるジェイコブ・リース゠モッグ議員による、「もし長期間EUに留め置かれるのであれば、我々は可能な限り難しい存在になるべきだ」というツイート（二〇一九年四月五日）が大きく影響したといわれている。

メイ政権もジョンソン政権も、EUに対する「嫌がらせ」は慎んできた。従来反対してきた防衛協力に関する常設構造化協力（PESCO）の発足を阻止しようとしなかったことはその代表例である。もちろんその背景には、善意や誠意のみならず、妨害行為をすることで離脱交渉が困難になることを避けたいという計算や、離脱が早晩実現するだろうという意識もあったとみられる。

ユンカー委員長は、四月一一日未明の記者会見で、EUの意思決定の多くは特定多数決で行われるため、イギリスがEUの意思決定過程を脅かす可能性について過剰反応すべきではないとした。

これは重要な指摘であり、EUの知識に乏しいイギリスの強硬離脱派はEUの意思決定過程を理解していなかった可能性がある。さらに、EUでは、条約上特定多数決が規定されている分野であっても、慣習として可能な限りのコンセンサス形成努力がなされ、実際に理事会などで投票することは少ない。しかし、もしイギリスが「誠実な協力」義務に反していると判断されるような事態になれば、何らかの決定にイギリス一国（ないしイギリスを含む少数の加盟国）が反対しているような際に、多数決を適用することへのハードルは低くなったであろう。

四月一〇日の欧州理事会にいたる過程では、理事会での投票権に制限を付ける可能性などが議論されたが、イギリスがEU加盟国である以上、そうした差別的待遇を導入する法的根拠は見いだせずに、断念された。そのため、先述のように、同欧州理事会の結論文書でもイギリスが加盟国としての完全な権利（と義務）を有することが確認された。

ただし、そのかわりに、条約に適合した範囲内で示されたのが、先述第八パラグラフのEU二七による会合の実施である。イギリスの離脱後に関する問題を扱うとの、いわば「口実」で、それを正当化したのである。

いずれにしても、離脱するのかしないのか分からないような中途半端な状態の加盟国を抱え込んでおくことのリスクが、EU内において従来以上に意識されるようになったということである。イギリスに対する信頼の低下は新しいことではないが、欧州議会選挙や、新たな欧州委員長を含む欧州委員会の選任などを控え、警戒感が増大することになった。

†いつまで付き合うのか……

なお、延期幅については、先述のとおり可変とされ、離脱協定の批准が実現すれば、一〇月三一日という最長延期期日にかかわりなく、その前に離脱が実現する想定だった。これは、トゥスク議長やイギリスが求めていた考え方であり、一部報道では、「flextension（flexible と extension を合わせた造語）」と呼ばれてきたものである。「合意なき離脱」は避けたいが、イギリスが必要以上にEUにとどまることも望まないという、二つの考慮の妥協点だったといえる。

先述のとおり、EU側は、「合意なき離脱」の引き金を自ら引く意図はなく、ボールがイギリス側にある状況を維持することが基本的な方針になっていた。トゥスク議長は会見で「今後の行動は完全にイギリスの手中にある」と述べていた。

†メイ首相退陣へ

再度の離脱延期を受け、「合意なき離脱」を求める強硬離脱派の間ではメイ首相への批判・苛立ちが高まり、彼らが離脱協定に賛成する可能性はさらに遠のくことになった。「合意なき離脱」を否定し、関税同盟などのソフトな離脱を求める穏健離脱派は、保守党と労働党に別れたまま、一致した勢力にはならなかった。さらに、再度の国民投票実施や離脱の撤回を求める勢力も労働党や自民党を中心に拡大したものの、これも議会で過半数を占めるにはいたらなかった。

結果としてメイ政権は袋小路に陥った。そうしたなかで、メイ首相は労働党との協議に打って出た。膠着状態を打開するための最終手段とみられた。コービン労働党党首とのトップ会談に加えて、さまざまなレベルで、ブレグジットに関する何らかの合意形成が目指されたが、最終的には決裂した。

合意成立の可能性は一貫して低いと考えられていたため、決裂自体に驚きはなかったが、メイ首相はさらなる一手に出た。労働党との協議は決裂したものの、五月二一日に労働党を念頭においた「新たな合意」を提示したのである。そこには、労働党が強く求めていた、合意を承認するための国民投票の実施が含まれていた。離脱協定を履行するための国内法である離脱協定法案が可決されれば、国民投票実施の是非を議会で採決し、政府はその結果に従うとした。この問題については第六章で詳しく触れる。

これが、メイ政権退陣を決定づけることになった。というのも、国民投票の実施は、保守党内の離脱派にとっては、完全にレッドラインを超えるものだったからである。閣内を含め党内でのメイ首相への退陣要求が一気に噴出することになった。

そして、そのわずか数日後の五月二四日、メイは退陣を表明する。まさに「万策尽きた」結果だった。

第三章
ジョンソン政権による仕切り直し

新たに保守党党首に選出されたジョンソン。
（ロイター／アフロ、2019年7月23日）

二〇一九年五月二四日の退陣表明に次いで、メイ首相はまず、六月七日に与党保守党の党首を辞任した。これにより後継の党首を選ぶ党首選が開始され、一〇名もの立候補があった。国会議員による投票で、ジョンソン前外相とジェレミー・ハント外相（いずれも当時）の二人に絞られたうえで、保守党党員による郵便投票が実施された。

そして保守党は七月二三日、新しい党首にジョンソンが当選したと発表した。得票は、ジョンソンが九万二一五三票、ハントが四万六六五六票だった。

ジョンソンの勝利は当初からほとんど確実視されており、得票が六割を超えるかが焦点となっていた。三分の二に迫る票を確保したことで、党内では一定の権力基盤を得ることができたと評価された。これで、イギリス政界一の型破り政治家の首相が誕生したのである。

メイ首相の辞任は、二〇一七年選挙の際の保守党の公約でもあったEU離脱を実現できなかったことによる引責だった。そのため、保守党の立場としては、離脱を実現することが後継首相に託された最大の任務とされた。

重要政策に失敗した場合や、党内が掌握できなくなった際などに指導者が辞任することは珍しくない。トップを交代することで「局面を変える」といった表現もよく使われる。政治においては、理屈よりもフレッシュさといった感覚が求められることも少なくないからである。

しかし、たとえ首相が交代したとしても、変わるものがあると同時に、変わりようのない現実もある。メイ首相にできなかったことが、ジョンソン首相にはできると期待できる根拠はあったのだろうか。そしてジョンソン政権はどのような状況で発足し、どこにたどり着いたのだろうか。改めて振り返りたい。

†首相交代で変わったこと

新首相の誕生、新政権の発足により、第一に雰囲気が変わった。政治が生き物であり、イメージが重要である以上、このことを過小評価してはならない。

特に保守党員の投票により選ばれる党首の正当性は高く、保守党支持層の間では一定の盛り上がり効果がある。加えて、議員の間での士気と規律が上昇する効果も無視できない。というのも、メイ政権の末期は、閣僚・閣外相などの辞任が相次いだ他、閣議での議論内容のメディアへのリークも日常茶飯事だった。士気は下がり、規律が緩んでいたのである。ほとんど「学級崩壊」状態だったといわれた。議会の採決における造反へのハードルが、かつてこれほど下がったことはなかっただろう。こうした状態を解消することは、首相交代に期待される大きな役割の一つだった。

同じ文脈で、リーダーシップのスタイルの変化を付け加えることも可能だろう。メイ首相は、有能な政治家ではあったものの、リーダーとしての調整や閣僚を含む自らの党の議員をまとめる力に欠けていたことが致命的だった。根回しや情に訴える部分が弱かったのだろう。政策が重視されるといわれるイギリス政治ではあるが、やはり人間関係も重要なのである。新首相にはそうした資質も期待された。

第二に、政策の中身としてより重要なことに、EUに対するアプローチが変化し、再交渉の要求が前面に打ち出された。各候補の主張した離脱協定の再交渉は、この時点ではEU側の反対により、実現の見通しが立っていなかった。それでも、とりあえずの国内向けのポーズとしては、再交渉を訴える以外になかった。メイ政権が交渉した離脱協定は議会で繰り返し否決されており、これをそのまま引き継いだのでは、状況を変える見通しを立てることができなかったからである。

それに関連して、第三に、「合意なき離脱」を辞さないという姿勢が強調されるようになった。ジョンソンを筆頭に各候補は、合意（EUとの離脱協定）にもとづく離脱が望ましいとしながらも、必要とあれば「合意なき離脱」の覚悟が不可欠だと訴えた。実際にどのような再交渉が可能かはともあれ、それがEUに対する圧力になるという考え方が、新政権の基本方針になった。

ただしこれは、「合意なき離脱」に反対する姿勢を明確に示してきた議会との軋轢《あつれき》、衝突を確実なものにした。この時点で、議会の意思を無視して政府が「合意なき離脱」に突き進むことが可能なのか、これを強行しようとした場合に何が起きるのか、という深刻な問題に直面する危機が迫り来ていたのである。

†首相交代でも変わらないこと

他方で、首相交代でもやはり変わらないものも少なくなかった。その第一は、ブレグジットをめぐる構造的現実である。ブレグジットに関するどの選択肢も過半数の支持を得ていなかった。

これは議会下院のみの問題ではなかった。各種世論調査や二〇一九年五月の欧州議会選挙の結果からは、国民自身が大きく割れていることが明らかであった。「決められない議会」の背景には、「決められない国民」が存在していた。欧州議会選挙では、新たに結成された「合意なき離脱」を求めるブレグジット党と、再度の国民投票、さらには離脱撤回を求める自由民主党や緑の党がともに躍進したのである。この結果から、何らかの収斂《しゅうれん》を見いだすことは不可能だった。

「合意なき離脱」から離脱撤回まで、さまざまな選択肢があるなかで、どれか一つを選ばなければならないのがブレグジットの課題であり、これに失敗したのがメイ政権だった。議会と国民の過半数が支持する選択肢が見いだせなかったのである。この現実、少なくとも出発点は、首相が交代しても変わらなかった。

そして、イギリスが何も決定できない状態が続く以上、法的なデフォルト（初期設定・帰着点）が「合意なき離脱」である現実も変わらなかった。加えて、「合意なき離脱」に反対するという議会の立場が不変で、EU側も離脱期日の延期を認める限りにおいて、政治的なデフォルトは、膠着状態の継続でもあった。

第二に、ブレグジットへの姿勢をめぐる保守党内の分裂状況も変わらなかった。メイ首相が対峙したのは、野党労働党以前に、身内の保守党だった。EUとの離脱協定をめぐる下院での採決にしても、二大政党制において野党が反対することは折り込み済みだったと考えれば、メイ政権の行く手を阻んだのは、保守党の造反票だったという他ない。

造反勢力には二種類あり、北アイルランド国境に関する安全策に反対し、「合意なき離脱」を求める強硬離脱派と、関税同盟や単一市場への参加を求めるソフト離脱派（および、さらには離脱撤回を求める残留派）が混在していた。前者にとっては、メイ政権の離脱協定は「ソフトすぎ」、後者にとっては「ハードすぎ」たのである。ただしこの対立自体は、メイ首相が作り出したものとはいえない。メイ自身がこの対立に押しつぶされたのである。

ジョンソンも出発地点は同じだった。

†ジョンソンを迎えるEU

こうした状況のイギリスでの首相交代をみるEU側の視線は、完全に冷めきっていた。これ以上の混乱に巻き込まれるのは懲り懲りだということである。ただし、これは新しい状況ではなく、前章でみたように、二〇一九年三月と四月にそれぞれ、離脱期日延期を決定した際にはすでに顕在化していた。

誰がイギリスの次期首相になろうとも、当時EUの立場として第一に強調されていたのは、離脱協定本体の再交渉は行わないということだった。後にみるように、EUは結局再交渉に応じるが、この段階で再交渉の対象となっていたのは離脱協定ではなく、政治宣言のみだと考えられていた。

第二に、新首相がいかなるスタンスでEUに接するかが、EU側の「心象」に大きく影響したことは否定できない。やはりお互い人間であり、政治家である以上、この点を無視すべきではない。

その観点では、保守党党首候補としてのジョンソンが、EU離脱に伴う清算金の支払いを、EUとの将来の関係についての協定が締結されるまで延期するといった主張をしたことは、ＥＵ側の警戒心を高めた。他方で、国内のオーディエンス、さらにいえば保守党党員を対象とした党首選においては、ＥＵとの対決姿勢を見せることが有効であることも否定できなかった。

第三に、ジョンソン個人のパーソナリティ以上にＥＵが重視していたのは、決断力と同時に議会で承認を勝ち取る力だった。国内をとりまとめ、ＥＵ側も合意可能な範囲内で、ブレグジットに関する最終的な決断を行うことである。この観点でのジョンソンへの期待がＥＵの一部に存在していたことは事実である。

†「マッチョさ競争」になった保守党党首選挙

保守党党首選の過程では、候補者討論会が繰り返し実施された。しかし、ＥＵからの離脱に関するジョンソンの具体的方針は、結局のところ、ほとんど明らかにならなかったというのが実態だった。

ジョンソンの発言として最も頻繁に引用されたのは、ブレグジットに関する「やるか死ぬか（do or die）」――「のるかそるか」というニュアンスかと思われるが、「死ぬか」という言葉遣いがインパクトを持った――という方針だった。しかし、ここから具体的な方針を読みとることはできなかった。

加えて強調されたのは「やればできる精神（can do spirit）」[9]だった。「この国を再び元気づける（energise）」という表現とともに、結局のところ精神論、ないし気合いで押し切ったということだろう。内容がないままにレトリックが踊ったのがジョンソンの党首選の特徴だった。ただ、他の候補に比べて、言葉の使い方がたくみだったことは否定できない。

その結果、保守党党首選は、ブレグジットの具体的な方法論をめぐる議論の場ではなく、何が何でも――つまり「合意なき離脱」であっても――期日である二〇一九年一〇月三一日に必ず離脱するという強硬論を競う場になった。「合意なき離脱」に関して「どちらの候補がよりマッチョであるか」[10]が問われたのである。EU離脱支持派の多い保守党員のみを対象とした選挙である以上、なるべくしてなった展開だったのだろう。

†強硬離脱派に踏み絵を踏まされたジョンソン

「やるか死ぬか」といったレトリックは極めて「ジョンソン的」であり、ジョンソン自身、熟慮の結果ではなく本能的に発していた可能性が高い。それでも、ブレグジットの具体的詳細に関して、彼が一貫して強硬派だったわけではない。この点は確認しておく必要がある。

ジョンソンは、選挙戦を通じて「マッチョさ」を打ち出し、「真の強硬離脱派」であることを示さなければならなかった。その背景には、強硬離脱派からジョンソンに向けられていた疑念の眼差しがあった。

というのも、そもそも二〇一六年六月の国民投票に際しては、離脱と残留のどちらを支持するか直前まで迷った後に離脱支持を決めたのがジョンソンだった。その後、メイ政権の外相に就任したものの、二〇一八年七月の同政権によるEU離脱方針「チェッカーズ提案」に反対し、外相を辞任した（三八ページ）。これは、ジョンソンの強硬姿勢を示すものだった。

しかし、メイ政権がまとめたEUとの離脱協定に関する議会採決では、一回目と二回目は反対票を投じながら、三月二九日の第三回の投票では賛成にまわったという「前科」があった。

そのためジョンソンには、決して裏切らないことを証明することが求められていた。強硬離脱派に踏み絵を迫られたといってもよい。「やるか死ぬか」といったレトリックは、この観点では効果絶大だった。

なお、ジョンソンに関しては、「ニクソン訪中（Nixon goes to China）」のアナロジーで、強硬離脱派のジョンソンだからこそ、再度の国民投票を含め、ブレグジットに大きな変更を加える決定をしても、強硬離脱派の反発を抑えることができるという期待も指摘されていた。しかし、一貫した強硬離脱派にしてみれば、ジョンソンの強硬離脱派としての信頼性は不十分であり、根っからの反共だったリチャード・ニクソン元アメリカ大統領には遠いのが現実だったのではないか。

ジョンソンの本心がどこにあったとしても、党首選での議論の流れを踏まえれば、「合意なき離脱」の可能性を真剣に捉えなければならない状況になった。

†「イギリスのトランプ」は何を意味するのか

ジョンソンを「イギリスのトランプ」とする見方は以前から根強い。トランプ大統領自身、それを好意的に受け止め、ジョンソンの首相就任を歓迎していた。一〇代の学生との集会での演説でトランプは以下のようにジョンソンを持ち上げた。

我々は世界で尊敬されている。今度イギリスの首相になるボリス・ジョンソンといういいやつがいる。いいやつだ。彼は頼もしいし賢い。彼ら（イギリス人）は「イギリスのトランプ（Britain Trump）」だといっている。彼のことを「イギリスのトランプ」と呼ぶんだ。そしてみんな、「これはいいことだ」と言っている。彼らは私が好きなんだ。彼らはそれを欲したんだ。それを彼らが必要としている。必要としている。彼は成し遂げるぞ。ボリスはいい。彼はいい仕事をするぞ。[11]

あまりのトランプ節であり、実質的な内容はほぼゼロである。ただ、ジョンソンがトランプ的要素を体現していたことは否定できない。

これが国内政治的にまず意味するのは、いわゆるポピュリスト政治家の台頭である。それと密接に関連するのが、「ポスト真実政治」と呼ばれる現象であろう。結果として、無責任な言葉が踊ることになる。

指導者の発言のなかのウソが判明しても、それが支持率に影響しない構造だともいえる。それは、支持者がそうした指導者に対して発言内容の正確さや品行方正さをそもそも期待していないために起こることである。だとすれば、そうした指導者のみを批判しても問題は解決しない。

ジョンソンは、二〇一六年の国民投票キャンペーンでも、二〇一九年の保守党党首選挙でも、根拠のない発言、あるいは明白なウソを繰り返し、メディアからは批判されたものの、それでも勝利したのである。

†ジョンソン政権と議会の攻防

「合意なき離脱」を辞さないとするジョンソンの強硬姿勢を受けて、それに反対する勢力の間では懸念が強まり、野党労働党、自由民主党と与党保守党内の「合意なき離脱」に反対する議員の連携が促された。

その結果の一つが、夏休み明けの議会で一週間に満たないで成立したいわゆる「離脱延期法」（正式名称は「二〇一九年欧州連合［離脱］法［第二］」）だった。保守党からの造反による賛成票に助けられての可決だった。同法は、二〇一九年一〇月一九日までにEUとの新たな合意が議会で承認されるか、「合意なき離脱」が議会で承認されない限り、首相はEUに離脱期日の延期を要請しなければならないと規定した。

延期に抵抗するであろう首相の手を縛り、確実な延期要請を実現するために、EU（欧州理事会議長）宛ての延期要請書簡のテンプレートまで添付された。野党側は、ジョンソンがあの手この手で抵抗することを見据えて、考え得る抜け道を徹底的に塞ごうとしたのである。ジョンソンへの信頼はそれほどまでに低かった。ジョンソンが素直に法に従うとは思われていなかったのである（図表3）。

「離脱延期法」の成立と前後して、九月七日にはアンバー・ラッド雇用・年金相が辞任し

図表3　「離脱延期法」に添付された延期要請書簡のテンプレート

European Union (Withdrawal) (No. 2) Act 2019 (c. 26)　　5
SCHEDULE – FORM OF LETTER FROM THE PRIME MINISTER TO THE PRESIDENT OF THE EUROPEAN COUNCIL
Document Generated: 2019-09-11

Status: *This is the original version (as it was originally enacted). This item of legislation is currently only available in its original format*

SCHEDULE　　Section 1

FORM OF LETTER FROM THE PRIME MINISTER
TO THE PRESIDENT OF THE EUROPEAN COUNCIL

Dear Mr President,

The UK Parliament has passed the European Union (Withdrawal) (No. 2) Act 2019. Its provisions now require Her Majesty's Government to seek an extension of the period provided under Article 50(3) of the Treaty on European Union, including as applied by Article 106a of the Euratom Treaty, currently due to expire at 11.00pm GMT on 31 October 2019, until 11.00pm GMT on 31 January 2020.

I am writing therefore to inform the European Council that the United Kingdom is seeking a further extension to the period provided under Article 50(3) of the Treaty on European Union, including as applied by Article 106a of the Euratom Treaty. The United Kingdom proposes that this period should end at 11.00pm GMT on 31 January 2020. If the parties are able to ratify before this date, the Government proposes that the period should be terminated early.

Yours sincerely,

Prime Minister of the United Kingdom of Great Britain and Northern Ireland

　この書簡テンプレートは深刻なまでに国内視線で書かれている。というのも離脱延期要請の理由として言及されているのはイギリスの国内法のみだからである。国内法の条文を理由にEUに対して離脱期日の延期という政治的要請を行うこと自体、非対称的である。

　それまでの経緯に照らせばEU側は、総選挙や再度の国民投票実施といった、さらなる延期が真に必要になった新たな理由を求めていた。新たな法律の制定は事由の変更ではあるが、延期の先に何が行われるのかが全く示されていない。ただし、同法を起草した「合意なき離脱」反対派からすれば、ジョンソンが延期の条件など余計なことを書簡に盛り込み、EU側の延期受け入れ拒否を引き出そうとするのではないかという懸念もあり、変更や解釈の余地のない、極めて事務的な簡易な書簡のテンプレートを作成したということでもあった。

出典：“European Union（Withdrawal）（No.2）Act 2019,” 9 September 2019, p.5

た。首相宛ての辞任書簡でラッドは、ジョンソン政権が発足以来、「合意なき離脱」への準備を進める一方で、ＥＵとの合意に向けた同様の努力をしていないとし、「合意を得ての離脱がこの政権の主たる目標だとはもはや信じない」と述べた。辛辣な内部告発だった。

加えてラッドが問題視したのは、ジョンソンが、「離脱延期法案」への対応に関連して造反した二一名の保守党議員を党から追放したことである。まさに「粛清」であり、このなかには、ケネス・クラーク元財務相や、チャーチル元首相の孫のニコラス・ソームズ議員、フィリップ・ハモンド前財務相など、同僚議員からも信頼されてきた穏健派が多く含まれており、党内に衝撃を与えることになった。ラッドは、閣僚を辞任したのみならず、保守党を離党している。

議会での審議過程でジョンソンは、「離脱延期法案」をＥＵへの「降服法案（surrender bill）」と呼び、反発を強めた。ＥＵから譲歩を引き出すには、イギリスが「合意なき離脱」をいとわない覚悟を示すことが不可欠であり、それを排除してしまっては交渉の手が縛られるというのである。

こうした主張がどこまで妥当だったかの検証は難しいが、英議会が「合意なき離脱」を阻止してくれるだろうという期待がＥＵの一部にあったのは事実であり、交渉の障害になっていた可能性は否定できない。

実際、ＥＵ側は離脱協定の再交渉をかたくなに拒否してきたが、焦点となっている北アイルランド国境に関する安全策の代替策があれば、イギリス側が提案すべきだという立場に変化することになった。安全策は離脱協定の一部であるため、離脱協定再交渉の扉が事実上開いたことになる。

†一〇月三一日に固執したジョンソン

ただし、ジョンソン首相からは、北アイルランド国境問題に関する具体策よりは、「何があっても離脱は延期しない」「（延期するのであれば）のたれ死んだほうがましだ」という戦闘的な発言ばかりが目立っていた。

党首選の期間からそうした妥協の余地のない発言を繰り返してきたため、首相になった後に現実路線に転じる余地がなくなったとの見方も可能だろう。自分で自分の首を絞めてしまったというのである。しかし、一連の言動から判断するにジョンソンは、少なくとも保守党党首選や首相就任後の段階では、本心で一〇月三一日の離脱、つまり再度の延期を行わないことを望んでいたのではないか。

ジョンソンには過去に「くたばれ経済界（f**k business）」といった発言もあり、「合意なき離脱」による経済的混乱・悪影響を軽視していたことは確実である。何が起きようともEU離脱を成し遂げることが、ジョンソンの政治家としてのアイデンティティにすでになっていたのだろう。それは選挙を戦う場合にも有利だと考えた可能性が高い。

そのために、ジョンソンは離脱延期法案に対抗して、議会下院解散の動議を二度にわたり提出し、選挙の実施を狙ったのである。任期途中で議会を解散するためには議会で三分の二の賛成が必要であり、ジョンソンの提案はいずれも拒否された。野党の多くは棄権することになった。「合意なき離脱」を確実に回避することが先決だというのである。

ジョンソンによる解散動議は、「離脱延期法」を受けてのいわば反撃だったが、同時に、保守党が選挙に勝利する可能性が低くなかったのも事実である。野党の立場は、「合意なき離脱」への反対、再度の国民投票の実施、さらには離脱撤回（残留）などに割れており、イギリスにおける小選挙区制を考えた場合に、与党保守党に有利であると考えるには十分な根拠があった。選挙結果の予測の困難さは、メイ首相のもとで解散総選挙に打って出ながら保守党が単独過半数を失った二〇一七年の選挙でも示されたものの、野党側の態勢が整っていないことは否定しようがなかった。

それでも改めて強調すべきは、ジョンソンによる一連の行動が、ジョンソン政権の強さの証ではなく、弱さの象徴だったという点である。追い込まれたために、議会閉会を含む奇手に頼らざるを得ない。それでも、「何をするか分からない」ジョンソンを、「合意なき離脱」反対派をはじめとする野党勢力は警戒する。そのため野党勢力間で協力体制が進み、それに対抗してジョンソン側がまた反応するという構図だった。

これは国際関係でいうところの「安全保障のジレンマ」――自国の防衛態勢強化が相手国には脅威として認識され、それへの対抗策として相手国も防衛態勢の強化をはかるため、結果として自国の安全保障が改善しない構造――にも近い。両者の間の信頼が欠如していることも、「安全保障のジレンマ」を深刻化させる。ブレグジットをめぐる与野党の関係もまさにそうである。

†なぜ「合意なき離脱」か

ジョンソン政権の誕生により、「合意なき離脱」の懸念が高まった。それはその後回避されることになったものの、「合意なき離脱」がいかなる問題を引き起こすものだったかについては、改めて振り返っておく必要がある。

その影響が分からなければ、なぜイギリス議会があそこまで必死に「合意なき離脱」を阻止しようとしたのかも理解できない。また、離脱協定に基づいて離脱した後にも、「FTA（自由貿易協定）なき移行期間終了」という新たな「合意なき離脱」の危機に直面する可能性もある。

この問題を考える基礎として、第一に指摘すべきは、何らの追加的措置がとられない限り、イギリスは、当初は二〇一九年三月二九日に、離脱延期後は同一〇月三一日に、離脱してしまうということだった。法的なデフォルトは離脱であり、その前にEUとの離脱協定が批准されているか否かは、離脱に影響を及ぼさないのである。

これには、イギリス国内法に離脱日が明記されている限り、それを変更しなければ、自動的に離脱が有効になってしまうという側面と、離脱日はEUとの合意で設定されたものであり、これをEU側の承認なしにイギリスが勝手に変更することはできないという側面があった。

関連して第二に、イギリスが「合意なき離脱」に向かって突き進むのであれば、EUにそれを阻止することはできなかったという点が指摘できる。期日までに新たな合意の妥結と承認ができない場合、「合意なき離脱」を回避する唯一の方法は離脱期日の延期である。離脱期日を延ばすためにはイギリスからの要請が不可欠だったのである。それをEUが承認するという手続きになる。イギリスが勝手に期日を延期できないのと同様、EU側が離脱期日を勝手に延期することもできなかった[12]。

つまり、ジョンソン政権が延期を求めない限り、延期はなされない構造にあった。そのため、EU側は、「合意なき離脱」に備えた準備をする以外になかった。イギリス側では、先述のとおり、ジョンソンに離脱期日延期申請を強制的にでもさせるための攻防が繰り広げられたのである。

†「合意なき離脱」で何が起こるのか

「合意なき離脱」とは、端的にいえば、EU加盟国としてのイギリスの地位が一夜にして完全に失われることであり、EU加盟に基づいて適用されてきた制度や枠組みが消滅することを意味する。関税や数量制限などが一切ない域内貿易も終了する。

これらの変化を和らげるために離脱協定に盛り込まれたのが、二〇二〇年末までとされた移行期間だった。この期間は、加盟国としての投票権は失うものの、「ほぼEU加盟国」という状態が続き、この間にFTAを含む、EUとイギリスとの将来の関係に関する交渉を行うことが想定されている。

「合意なき離脱」の場合、当初は二〇一九年三月二九日、大幅延期後は一〇月三一日のイギリス時間二三時（ブリュッセル時間二四時）を過ぎれば国境での通関手続きなどで物流は大混乱し、イギリス側では医薬品や生鮮食料品などの不足が懸念された。また、ヨーロッパ全域にわたるサプライチェーンに依存しているイギリス国内の製造業では、工場の一時的な操業停止なども予定されていた。

国境での混乱に関連する不測の事態に対処するために、軍も待機態勢に入る計画だった。政府は、医薬品や食料品を当面の分、買いだめておくようにという勧告を行っていた。もっとも、前例のないことであり、実際にどのような混乱がどの程度発生するかは予測の域を出なかった。

イギリス政府は、メイ政権の時代から、「合意なき離脱」に備えた対処計画を分野ごとに策定してきた[13]。しかし、それらはいずれも「合意なき離脱」による混乱や影響を回避するためのものではなく、混乱や影響の発生を想定したうえで、いかに対処するかというものだった。混乱や影響を予め防ぐことは不可能だと政府が考えていたことの証であろう。

大企業は多額の資金を投入して「合意なき離脱」への備えを進めていたものの、そのような余力のない中小企業では対策が遅れていた。そのため、政府の経済対策では、大きな影響を受ける中小企業への支援が喫緊の課題となっていた。加えて、「合意なき離脱」への対応のために、各省庁からはスタッフが大量動員されることになり、これによって、ブレグジット関連以外の業務が深刻な影響を受けるという問題も指摘されていた[14]。

†「合意なき離脱」の後で

「合意なき離脱」に関しては、直後に予想される混乱に加えて、GDP（国内総生産）成長率などマクロ経済への中・長期的影響が議論されることが多い。二〇二四年までで三〇〇億ポンド（約四兆円）の債務拡大や、二〇二一年末までで三・五％分のＧＤＰ損失、中長期的な予測として数パーセントから一五％以上の減少という見通しが、政府や各種研究機関によって示されている。具体的数値には大きな相違があるが、ＥＵ離脱、なかでも特に「合意なき離脱」は、イギリス経済にとって無視できない打撃になるという評価がほとんどである。

しかし二〇一六年の国民投票前にも、離脱の経済的コストはさまざまに示されていた。それでも過半数が離脱に投票したのであり、結局のところ、多くの国民の判断は、経済的利害に基づくものではなかった側面が強い。「何があろうとも（come what may）」一〇月三一日に離脱するというジョンソンの言葉に示されるように、経済的損失の大きさに照らしての判断が目指されていたのではない。各種の経済予測は、政治的議論の前に無力だったともいえる。

さらにいえば、経済ショックのみであれば、よほどのことがない限りいずれ吸収可能である。「合意なき離脱」にいたった場合に、直後の混乱や経済的損失よりも厄介なのは、将来のＥＵとの関係構築がさらに困難にならざるを得ないことだった。「合意なき離脱」は、ＥＵ離脱プロセスの終着点では全くないからである。

離脱後も、EUがイギリスにとって地理的にも経済的にも政治外交的にも最も緊密なパートナーである現実は変わらず、「喧嘩別れ」のままにするわけにはいかないのである。新たな関係構築の交渉は全てこれからであり、しかもEUとのFTA締結は、強硬離脱派にとっても欠かせない目標である。EU側は、「合意なき離脱」後にFTA交渉を開始するにあたっては、EU市民の権利保護、三九〇億ユーロ（約五兆円）といわれる離脱精算金の支払い、そして自由な北アイルランド国境の保証が必要であるという考えをすでに示していた。

これらは、イギリス議会が繰り返し否決した離脱協定の中身そのものであった。「合意なき離脱」では、結局何も解決せず、拒否したはずの離脱協定からも逃げられなかったのである。

さらに、イギリスの地位が「加盟国」から「第三国」に変化することで、EUとの協定交渉と批准手続きにも大きな変化が生じる。離脱プロセスは、リスボン条約第五〇条に基づき進められており、これに基づく離脱協定は、加盟国の特定多数決で承認され、あとは欧州議会の批准のみで発効する。各国議会の批准は必要とされない。離脱をスムーズに進めることが主旨だからである。

†急転直下の「ジョンソン合意」

当初ジョンソン政権による再交渉の要求は、「合意なき離脱」に持ち込むにあたっての口実だという見方が支配的だった。イギリスは再交渉を求めたにもかかわらず、EU側が頑なだったために妥結にいたらず、「合意なき離脱」を選択せざるを得なかったと主張するための見せかけだというのである。首相以下、ジョンソン政権がどこまで再交渉に本気かについては、常に疑問が投げかけられてきた。

それでも、少なくとも最終段階においては、真剣な交渉が行われることになった。イギリス側でそれを促したのは先述の「離脱延期法」(八五頁)だが、EU側にも「合意なき離脱」を避けなければならないという強い危機感が存在したのだろう。

ジョンソン政権も、「合意なき離脱」への覚悟を対外的には示しつつ、経済が本当に深刻な影響を受けた場合の政治的コストを無視できなかったのだといえる。EU側にとっても、従来否定していた離脱協定の再交渉は、「合意なき離脱」回避のためであれば受け入れ可能なコストになったのだと思われる。

その結果が、二〇一九年一〇月一七日の欧州理事会で、EUとイギリスとの間で合意された新たな離脱協定と政治宣言だった。

焦点となった北アイルランド国境問題と、将来のEU・イギリス関係については、それぞれ、第五章と第七章で詳しくみていくが、本章の文脈で重要なことは、「合意なき離脱」の阻止に全力をあげる議会との攻防のなかで、ジョンソン政権も、EUとの新たな合意の成立に舵を切らざるを得なくなった点である。

北アイルランド国境の自由な往来を確保するためにイギリス全土を対象とした安全策を受け入れたメイ政権に対して、ジョンソン政権は、北アイルランド限定の措置を導入することでEU側と合意した。離脱協定における安全策の該当箇所が変更されることになり、ジョンソン政権はこれを偉大な合意だとして成果を強調することになった。

政治宣言に示された離脱後のEU・イギリス関係についても変更が加えられ、メイ政権による合意(メイ合意)よりもレベルの低い関係が想定されることになった(「メイ合意」と「ジョンソン合意」の相違の概略は図表4参照)。

離脱協定全体からすれば、変更部分の比率は小さかった。それでも、EU側が従来、離脱協定の再交渉を拒否していた事実、および、再交渉に対するジョンソン政権の真剣さに関して疑問が寄せられていたことに鑑みれば、ある意味驚くべき成果だったといえる。

ジョンソンにとっては、党首選挙での公約を破り、議会に求められるがままに離脱期日の延期に応じるよりは、EUとの新たな合意の可決を議会に迫るほうが得策だと判断した

図表 4　メイ合意とジョンソン合意の比較

	メイ合意 （2018年11月）	ジョンソン合意 （2019年10月）
北アイルランド国境（安全策）	・離脱後のイギリスはEU単一市場・関税同盟から離脱 ・自由な国境を維持するために技術革新を進め、恒久的措置への移行期間中の合意を目指す ・これが不可能だった場合は、イギリス全土を暫定的にEUの関税同盟に事実上残留させ、農水産品を含む物品規制を受け入れることで、北アイルランド国境での国境検査を回避（＝安全策） ・安全策の適用回避、また適用された場合でも最短で撤廃する努力についてEUと確認はしたものの、終了期限を設けることや、イギリス側が一方的に廃止できるようにすることはEU側が拒否。これがイギリス議会での離脱協定否決の原因に	・安全策を撤廃（離脱協定修正） ・法的には北アイルランドを含むイギリス全土がEU単一市場・関税同盟から離脱 ・北アイルランドのみに特別措置を導入、必要な範囲でEUの物品規制等を受け入れる（法的には、北アイルランドもイギリスと同じ関税領域） ・税関等のチェックポイントをイギリス本土（グレート・ブリテン島）と北アイルランドの間に設置。物品の関税に関しては、イギリスから北アイルランドに入る時点でEUの関税を適用。同物品が北アイルランド内にとどまる場合は関税分を業者に還付。アイルランド経由でEUに入る場合はそのまま（＝実態上、北アイルランドはEU関税同盟内に近い扱い） ・北アイルランド入境時にEU関税の対象となる物品の種類や具体的な手続きについては今後詳細を交渉 ・同措置の継続については、定期的に北アイルランド議会に承認を求める
将来のEU・イギリス関係	・包括的なFTA――物については可能な限り緊密な関係を構築 ・必要な範囲でEUと規制を揃えることを通じ、「対等な競争条件」を維持	・FTAに基づく関係の構築のみが前面に ・貿易政策や各種規制におけるイギリスの自律性を強調（EU規則から離れることを重視）――メイ合意よりも、遠く浅いEUとの関係を想定
移行期間	・2020年末まで。延期の場合は同7月1日以前に1年ないし2年の幅で決定	・離脱協定の規定自体の変更はなし ・離脱協定に関する国内法制（離脱協定法）に、移行（実施）期間の延長を認めないという条文を挿入

ものと思われる。

†ジョンソンによる延期申請

その判断は、結果として正しかったのだろう。しかし、先述の離脱延期法によれば、離脱協定が議会で可決されなければならない期日は、一〇月一九日だった。一〇月一七日に合意された協定を、一九日までに可決するのは、当初から極めて野心的な日程だと思われていたものの、やはり難しかった。「合意なき離脱」を確実に回避する観点でも、リスクが高すぎた。

離脱協定を適用するための国内立法である離脱協定法案が焦点だったわけだが、最終的に法律として成立するまでには、下院と上院でそれぞれ複数の段階があり、下院での最初の段階での採決をもって「承認」とし、EUに対する離脱期日の延期申請を行わなかった場合、その後のプロセスに時間を要している間――さらには、ジョンソン政権が意図的に遅らせている間――に離脱日を迎えてしまえば、「合意なき離脱」になってしまう恐れが存在した。

そこで、「合意なき離脱」を懸念する勢力によって急遽議会に提出されたのが、レットウィン修正動議（Letwin Amendment）だった。これは、離脱に関する国内法制（離脱協定法）が最終的に成立するまで、離脱協定の承認を延期するという動議で、一〇月一九日の議会で、賛成三二二票、反対三〇六票で可決された。ジョンソン政権の敗北だった。これにより、たとえ政府が離脱協定の承認を議会で求めたとしても、その場では承認されないことになったため、ジョンソンは同日の離脱協定承認を断念せざるを得なくなった。

これを受けてジョンソンは、離脱延期法の規定に従い、EUに対して離脱期日の延期を申請した。ジョンソンは先述の、同法に添付されたテンプレートを使ったものの（八六頁）、最後の抵抗として、署名を行わないままの書簡を送った。そしてその後も、自らによる延期申請ではなく、「議会による延期申請」だと表現し続けることになった。

EU側は書簡に首相の署名がないことを問題視せず、イギリス政府からの延期申請であるとして処理し、イギリスの要請通り、二〇二〇年一月三一日までの離脱期日の延期を承認した。

†二〇一九年一二月総選挙

延期申請自体は、ジョンソン政権が議会との攻防に敗北したことを意味した。

ただし、議会での攻防ではさらなる展開が待っていた。一〇月二二日の議会では、まず、政府提出の離脱協定法案が、最初の下院本会議採決（第二読会）で、賛成三二九票、反対二九九票の賛成多数で可決された。ブレグジットをめぐる議会採決で、EUとの離脱協定への賛成が、初めて過半数に達した瞬間であった。「メイ合意」に比べて、「ジョンソン合意」への支持が拡大したのである。

しかしその直後、同法案の審議日程に関する動議が否決されることになった。賛成三〇八、反対三二二票だった。法案自体に対しては一九名の労働党議員が賛成にまわったのに対して、審議日程に関する動議への労働党からの賛成が五票にとどまったのが大きな差だった。ジョンソン政権は、一〇月末日の離脱を実現するために、離脱協定法案をわずか数日の審議で成立させようとしたものの、労働党をはじめとする野党は、法案の重要度に照らして審議時間が少なすぎるとして抵抗したのである。

一見するとこれは離脱延期や残留を求める勢力の勝利だったものの、実際にはこれが下院解散による総選挙実施の引き金を引くことになった。

審議の長期化にジョンソン政権は強く反発し、野党の側も、離脱期日が延期され「合意なき離脱」が回避された以上、選挙（下院解散）に反対する大義名分がなくなることになった。その結果、一〇月二九日、イギリス議会下院は、総選挙の実施を決定したのである。投票日は一二月一二日とされた。

選挙の焦点がブレグジットであることは明白であり、激しい選挙戦が繰り広げられた。

保守党リードで始まり、過半数の議席獲得が予想されたなかでの選挙戦だったが、途中、労働党が追い上げているという報道もあった。

結局、総選挙は、事前の大方の予想を上回るジョンソン政権・保守党の勝利に終わった。下院の全六五〇議席（過半数三二六議席）のうち、保守党が三六五議席、労働党が二〇三議席、スコットランド民族党（SNP）四八議席、自由民主党一一議席などとなった。

これにより、二〇一九年一〇月にジョンソン政権とEUとの間で妥結した離脱協定がイギリス議会で承認され、関連の国内法も成立する見通しとなり、二〇二〇年一月三一日のEU離脱が確実になった。同時に、ブレグジットに関して再度の国民投票が実施されたり、離脱が撤回されたりする可能性は完全に消滅した。

†変化しなかった世論

選挙結果自体は保守党の大勝だった。獲得議席数のみを見れば、離脱協定のさらなる再交渉とその結果に関する国民投票の実施を訴えた労働党と、離脱撤回を主張した自由民主党はともに国民の支持を得られなかったと考えるしかない。しかし、国民の間で、ブレグジット、あるいはより正確にはジョンソン政権の方針への支持が拡大したわけではなかった。世論は変化しなかったのである。

というのも、全国レベルでの得票率は、保守党が四三・六％（一・二ポイント増）に対し、労働党が三二・二％（七・八ポイント減）、ＳＮＰが三・九％（〇・八ポイント増）、自民党が一一・五％（四・二ポイント増）だった。[15]

スコットランドの地域政党であるＳＮＰは全国レベルでの得票率では低い数字になるが、スコットランドでは四五・〇％の得票率で五九議席中四八議席を獲得している。一三議席増の、文字通りの大躍進だった。

ＥＵ離脱の決着を訴えた保守党とブレグジット党（二・〇％）を足しても、選挙における得票率は四五・六％であり、過半数には届かなかった。他方で、労働党にＳＮＰ、自民党、さらには緑の党（二・七％）という、再度の国民投票実施や離脱撤回を掲げた政党の得票率を合計すれば、五〇・三％となり、過半数になる。前者と後者の比率は、離脱の是非をめぐる世論調査の離脱派と残留派の分布とおおむね一致していた（一六九頁、図表7参照）。

保守党の獲得議席は一九八七年総選挙以来の水準になり、同時に、従来労働党の牙城とされた複数の選挙区で保守党が勝利したが、得票率自体は、前回から微増（一・二ポイント）にすぎなかった。そうしたなかでの保守党の躍進は、六五〇の議席が全て小選挙区で決まる英国の選挙制度の特徴を反映したものである。

これらを総合すれば、二〇一九年一二月の選挙は、ジョンソンが主張した「離脱に決着をつける（get Brexit done）」という方針が支持を得たといえる部分がある反面、政党ごとの得票率をみる限り、ブレグジットに関する世論の変動はなかったと結論づける他ない。ジョンソン政権大勝というイメージに流されてはいけないのである。保守党の勝利よりは、実態として、コービン党首率いる労働党の敗北だったのだろう。

労働党に関しては、ブレグジットへの姿勢の不明確さが目立った。選挙戦では、政権獲得後の離脱協定の再交渉と、新たな協定の是非を国民投票に諮るという二段階プロセスを訴えた。離脱派と残留派の両にらみであり、割れる党内事情を反映したものだったが、自らが交渉した協定に国民投票で反対することはあり得ず、有権者に対して不誠実な印象を与えたことは否定できない。

保守党のもうひとつの重要な勝因は、一〇月にEUとの間で新たな離脱協定に合意できたことであろう。これによりジョンソン政権は、「合意に基づく秩序だった離脱」を主張することができた。仮に合意が成立していなかったとすれば、「合意なき離脱」を訴えざるを得なくなり、選挙戦はより厳しいものになった可能性が高い。

逆に、新たな合意が成立したために、離脱撤回という自民党の訴えに疑問が呈される結果になった。というのも、「合意なき離脱」を阻止するために離脱撤回を主張することには合理性があっても、成立した合意を無視して離脱を撤回するのでは、非民主的な印象になってしまう。実際、二〇一九年一〇月の「ジョンソン合意」以前の段階では、自民党支持が二〇％以上で推移しており、躍進への期待もあったが、一〇月下旬以降に下降し、最終的には一一・五％になったのである。[16]

そのため、自民党に対しては、ジョンソン政権への批判票を分散させ、結果として保守党を利するだけに終わったとの批判がなされている。

†「離脱に決着をつけた」ジョンソン？

二〇一九年一〇月のEUとの新たな離脱協定、政治宣言への合意、そして同一二月の総選挙での勝利により、ジョンソン政権は、公約どおり「離脱に決着をつける」ことになった。EUとの再交渉の成否には懐疑的見方がほとんどで、また、選挙での単独過半数の獲得も確実とはいいがたかった状況を踏まえれば、いずれも大方の予測を上回る結果だったといってよい。ジョンソンの賭けが成功したのである。

他方、二〇二〇年一月末の離脱後には、第七章でみるように、EUとの関係を規定するFTAなどの枠組みに関する交渉が待ち受けており、難航が予想されている。そのため、移行期間の終了を経て、新たな関係を発足させるという、本当の意味でのブレグジットの決着への道のりはまだ長い。

そこで問われるのは、「離脱に決着をつける」といったときの「離脱」とは何だったのかということになるのではないか。二〇二〇年一月のEU離脱で公約実現だと考えるのか、移行期間終了までを含めるのか。この点は、移行期間の延長の可否という問題にも関連してくるであろう。

第四章

「主権を取り戻す」から国家の危機へ

EU離脱の困難さに頭を抱えるジョンソンら離脱派議員。(getty images、2018年9月11日)

イギリス政治がブレグジットをめぐって迷走を続けるなかで、見えてきた構造的問題の一つは、イギリスにおけるEUへの無理解だった。EU離脱に関するイギリス国内の議論は、徹頭徹尾、国内的視点で展開するのである。そこでは、EUは完全に忘れ去られるか、あるいは、悪意をもってイギリスを懲らしめようとする存在になってしまう。

本章では、国民投票キャンペーンの段階からよく聞かれた、EU離脱によって「主権を取り戻す（コントロールを取り戻す：take back control）」というスローガンを手掛かりにこの点を考えてみたい。

結論を先取りすれば、EU離脱によって「主権を取り戻す」はずだったイギリスは、離脱によってさらに主権・影響力を失い、さらには連合王国としての自国の存続自体が危機にさらされる事態となっている。皮肉や逆説といった言葉を気軽に使うのが憚《はばか》られるような帰結である。

†「主権を取り戻す」の幻想

離脱交渉において譲れない「レッドライン（絶対的条件）」としてメイ首相、およびジョンソン首相が掲げてきたもののほとんどは、イギリスの国家としての主権やコントロールに関するものだった。例えば人の自由移動の廃止は、自国の国境を自らコントロールするという意味であり、欧州司法裁判所（ＥＣＪ）の管轄権からの離脱とは、自国の裁判所で全てを決することを意図したものである。司法権は国家主権の根幹である。各国とのＦＴＡ（自由貿易協定）の締結は、貿易政策における自律性を取り戻すことによって可能になる、といった具合である。

これまではさまざまな事項がＥＵによって決められ、イギリスの主体性が失われていたが、離脱後は自分のことは自分で決める。これ自体は分かりやすい議論であり、特に政治の場面においては効果的だった。

しかし、漠然とした概念や象徴としてではなく、主権やコントロールが、現実世界の実態として何を意味し、何をもたらすかには注意が必要である。結局のところ、「主権」をそれ自体「目的」として捉えるのか、実質的な影響力や自律性を確保するための「手段」として捉えるのかが問われることになる。

ブレグジットに関する限り、「主権を取り戻す」という指導者の威勢のよい言葉とは裏腹に、ＥＵ離脱後のイギリスの影響力――つまり、自己決定権という意味での主権、ないしコントロール――は、大幅に低下することが見込まれる。ＥＵ離脱、すなわちＥＵ諸条約からの離脱により、確かにそれら条約のもとでの主権の一部共有は終了する。主権が回復するようにみえる。しかし、ＥＵを通じて有していた影響力を同時に失うのである。

EU加盟国としてのイギリスは、主権の一部をEUレベルで共有することで、EUにおける影響力を獲得し、結果としてイギリスが単独で行使できるよりも大きな影響力をヨーロッパ、および世界で行使してきたのである。これは、EU離脱派、なかでも強硬離脱派は認めたくない現実かもしれないが、この点への無理解こそが、ブレグジットをめぐる議論の最初の躓《つまず》きだったといってよい。

†統合によって主権・コントロールを取り戻すのがEU流

EUレベルに国家主権の一部を共有（プール）して進めてきたのが、「超国家的統合（supranational integration）」としての戦後のヨーロッパ統合である。統合の目的としては、不戦共同体の構築や平和、経済復興・成長、ドイツ封じ込めなど、さまざまな議論が存在するが、各国が主権の一部を自発的に放棄してきたからには、それによって何かを得てきたと考えるのが合理的だろう。少なくとも、それに利益を見いだしてきたのである。

通常であれば主権の共有、さらには移譲は、主権国家による主権行使の範囲――すなわち国家の影響力――の縮小を意味するに違いない。しかし、ヨーロッパ統合においては、超国家的統合を進めることで、各国は影響力を取り戻したのである。

その背景には、たとえヨーロッパにおいては大国であっても、単独では経済でも安全保障でも、国家が直面する課題に対処できないという現実と、そのことへの認識が存在していた。必要な場合には主権の一部を共有してでも、ヨーロッパ内の協力と統合を進めることで、経済復興・成長、社会経済的安定、そして安全保障を実現することができれば、それは国家にとっても利益になる。結果として、国家の権威や影響力、すなわち実質面での主権が維持、さらには強化されるのである。

『国民国家のヨーロッパ的救済（*The European Rescue of the Nation-State*）』[17]という、欧州統合史の大家だったアラン・ミルウォードの代表的著作の一つのタイトルは、このことを象徴的に示している（彼がイギリス出身だったことは皮肉である）。国民国家（主権国家）がどれだけ救済されたかについては評価が割れるかもしれないが、統合を通じて各国は復活を遂げたのである。

また、アメリカの国際政治学者で、当時ネオリアリズムの旗手だったジョゼフ・グリエコは、主権国家がなぜマーストリヒト条約（一九九三年発効）に賛成し、通貨統合という主権の大幅な移譲を受け入れたのかと問うた。ＥＵの通貨統合は、国家間のゼロサム的な対立を前提とするネオリアリズムの前提を揺るがしかねない事例とされたのである。

グリエコは「発言機会論（voice opportunities thesis）」[18]を唱えた。国家は確かに通貨統合への参加により通貨主権（通貨発行および金融政策の権限）を失うが、それによって、かえって発言力を強めることができ、結果として主権を回復すると主張したのである。

この背景には、各国が通貨主権を有していてもそれは名ばかりだったという現実がある。というのも各国は、通貨主権を維持しつつも、実際には、為替相場の安定を維持し単一市場からの利益を享受するために、域内で最強通貨を有するドイツの金融政策（さらには財政政策を含むマクロ経済政策）に追従しなければならない。そうした状況よりは、（ドイツ以外の諸国にとっては）主権の一部を法的にも放棄して欧州中央銀行（ＥＣＢ）を設立し、それにドイツと対等な立場で参加したほうが影響力を取り戻せる。これは、相対利得の最大化というネオリアリズムの想定する国家の行動に合致するものだとグリエコは主張したのである。

各国が単独では達成できないことを、統合を進めることによってＥＵレベルで追求し、結果として国家の「主権を取り戻す」のは、ヨーロッパ統合の日常風景である。通貨統合には参加しなかったものの、イギリスも、ＥＵレベルでの主権・影響力の行使という恩恵を享受してきた。

一九八〇年代に当時のＥＣ（欧州共同体）の市場統合の推進に大きな役割を果たしたのは、英保守党のサッチャー政権であった。サッチャーは、欧州懐疑主義の代表的人物のように扱われることが多く、また実際にＥＣと対決する場面も少なくなかったものの、市場統合を通じてイギリスの利益を最大化するという信念に偽りはなかった。同政権は、まさに欧州を「使う」ことで、イギリスの経済的利益を増大させたのみならず、EU内、およびEUを通じたイギリスの世界での影響力増大をも実現したのである。

†離脱派の議論の矛盾

しかし、イギリスにおけるEU離脱派の間には、「EUにおいてイギリスは常に不遇であり、不利益を被ってきた」という、いわば被害者意識的な基本認識が根強く存在してきた。EUに縛られるイギリスというイメージである。だからこそ、そのようなEUからは離脱して自由になりたいと考えてしまう。しかし、これは現実を反映していないどころか、矛盾に満ちた発想であった。

まず、自己認識はともあれ、EUにおけるイギリスが不遇で不利益ばかりを被ってきたと考えている他のEU加盟国はおそらく存在しない。イギリスは、単一通貨ユーロや国境管理に関するシェンゲンにも参加しないなど、さまざまなオプト・アウト（適用除外）を確保してきた。さらに、EU予算への拠出金についても、共通農業政策での裨益《ひえき》の少ないイギリスへの特別措置として一部払い戻し（リベート）が認められてきた。サッチャー政権が勝ち取ったものである。まさに特別待遇だった。EU諸機関における作業言語としての英語の伸長も、イギリスの影響力増大にとっては好都合だった。

イギリス外交については「実力以上の影響力を行使する（punching above its weight）」という表現があるが、それはＥＵにおいても確実に行われてきたのである。多くのＥＵ加盟国にとって、イギリスの影響力は嫉妬の対象であり、「特待生」のような存在に見えていたはずである。

ＥＵ離脱派がナショナリストで愛国者なのであれば、自国の影響力にはもっと自信を持ってもよかった。しかし、彼らはそうは考えなかった。それ自体は、「隣の芝生は青い」というバイアスとして理解できるかもしれないし、帝国意識を引きずっていると批判されることもある。

そのいずれだったとしても、イギリスがＥＵで常に不利な立場にあったと妬みつつ、ＥＵからの離脱は容易であり、イギリスの交渉ポジションは強い——イギリスがＥＵを必要としているよりも、ＥＵがイギリスを必要としている——ために、ＥＵから好条件を引き出すことができると離脱派が考えたことには、大きな矛盾があった。

ＥＵ内で常に不遇で不利な立場にあったのであれば、離脱交渉でもそうなると予測するほうが合理的だったはずである。離脱交渉が彼らの「想像以上」に難航したことは、イギリス側のフラストレーションを高める結果になった。

†「ルールテーカー」への転落

離脱交渉の過程で顕著だったのは、それが完全に「EU主導」だったことである。メイ政権の無理のある「レッドライン」は次々に破られ、妥結した離脱協定は、最終的に保守党の強硬離脱派の支持を得られないようなものになってしまったのである。そもそも対等な交渉にはなり得なかったのだろう。

EUから離脱したイギリスが直面するのは、EUにおける意思決定に加われない現実である。欧州委員会も閣僚理事会も欧州理事会（EU首脳会合）も、制度上は外から眺めるだけの第三国になる。内部からの影響力行使、投票権、そして安全保障分野などにおいて有する拒否権など、全てが一夜にして失われるのである。各種情報も自動的には入ってこない。ブリュッセルにあるイギリスのEU代表部は、日本のEU代表部同様に、第三国として情報収集をすることになる。

関税同盟や単一市場への残留という、いわゆる「ソフト離脱」に対しては、イギリスが「ルールメーカー」ではなく、発言権・投票権がないままに結果を受け入れるのみの「ルールテーカー」に陥ることへの反発が大きい。実際、イギリスのようなヨーロッパの大国にとっては、耐えがたい屈辱的な地位であろう。

ＥＵの単一市場には参加しながらＥＵ加盟国ではないノルウェーのエルナ・ソールバルグ首相は、二〇一六年六月のイギリスの国民投票を前に、「イギリスがノルウェーのような地位を気にいるとは思わない」[19]と警鐘を鳴らしていた。ノルウェーは、単一市場における規則を全て受け入れ、さらにＥＵ予算への拠出が求められるにも関わらず、ＥＵの政策決定には参加できないのである。「ルールテーカー」であることの悲哀を知っての発言だった。

†「合意なき離脱」でもＥＵからは逃げられない

イギリスにおける強硬離脱派の議論のもう一つの重大な誤解は、関税同盟や単一市場から離脱すれば、ＥＵのルールを無視できるというものだ。しかし、地理的に隣接し、かつ最大の貿易パートナーであるＥＵとの関係は、好むと好まざるとにかかわらず、今後とも続くのである。大西洋の反対側に引っ越すことはできない。

しかもＧＤＰ（国内総生産）比でおよそ六対一というＥＵとイギリスの経済規模の格差を考えれば、各種ルールにおいて、イギリスの側がＥＵに合わせることが今後とも必要になる。そうしてはじめて、イギリスの経済的利益を守ることができるのである。

これは、たとえ「合意なき離脱」になっても変わらない。喧嘩別れしても、そのまま縁を切ることはできないのである。ユンカー欧州委員会委員長は、ブレグジットの最初の延期が決定された直後の二〇一九年四月三日に、欧州議会で演説し、「合意なき離脱はコミットメントなしではない」と釘を刺し、「合意なき離脱」にいたった後にイギリスとFTA交渉を開始するにあたっての条件として、EU市民の権利保護、精算金の支払い、そして自由な北アイルランド国境の保証を列挙した。これらは基本的に離脱協定の内容であり、いくら否決しても、結局は逃げられないのが現実だったのだろう。

こうした、EU離脱をしても「主権を取り戻す」ことはできないという現実――別のいい方をすれば、「主権を取り戻す」観点でEU離脱は全く適切な選択ではないこと――は、離脱の決定をする前に十分に理解されている必要があった。しかし、一部の専門家を除いて、この点への認識はほとんど存在していなかったといってよい。またそうした冷静な議論が広がる状況でもなかった。

結局のところ、EUに関する知識が決定的に不足していたのである。離脱プロセスが進むなかで、ようやく現実が理解されはじめ、メイ首相による合意を受け、「この離脱協定であればEU残留のほうがまだマシだ」という声が、離脱派のなかからも聞こえるような事態にいたったのである。驚くほど無責任だが、こうして議論は「何のための離脱なのか」という振り出しに戻ることになる。

イギリスがEUに対して離脱期日の延期を要請し、それに対して欧州理事会がほとんど「最後通牒」のような形で期限を提示し、その期限を前にイギリスの内閣と議会が慌てふためく様子は、「主権を取り戻す」のまさに対極だった。

冷徹な現実は、どのような形でのブレグジットだったとしても、イギリスが「主権を取り戻す」ことはないということである。EUの構造を理解しないままに、安易に「主権」を振りかざしてしまった代償は限りなく大きい。

サッチャー政権で長く閣僚を務め、最後は副首相にもなったマイケル・ヘーゼルタインは、二〇一七年三月二九日のイギリスによる離脱意思通告のEU宛て書簡の発出を受け、それは「史上最大のイギリスの主権損失（biggest sacrifice of British sovereignty）」だと批判した。そのとおりのことが起きようとしている。「主権を取り戻す」の末路としては、皮肉どころか悲劇的だという他ない。

†危機に陥るイギリス

では、そんなブレグジットは、イギリスに危機をもたらすのか。ヘーゼルタイン流にいえば、EU離脱自体が危機である。ただし、国民投票で離脱が選択されてしまったとしても、経済的損害と政治的混乱を最小限にくい止める方策はあったはずである。そのように考えると、国民投票自体よりも、その後のイギリス政府によるEU離脱問題の扱い方こそが問題を大きくしてしまったのではないかという結論にならざるを得ない。

国民投票でEU離脱が選択されたことも衝撃的だったが、それ以上に深刻なのは、その後の三、四年間に起きたことだったのである。ブレグジットをめぐるイギリス政治の迷走ぶりは、当のイギリス人にとっても、他のEU諸国にとっても、そして日本のような域外国にとっても想像以上だったといってよい。

結果として、「人民の意思」とされたイギリスのEU離脱の実現には、首相の交代と、二度の総選挙が必要になった。離脱期日は三度にわたって延期を余儀なくされた。さらに、その過程では、議会の権限をめぐる論争や、首相の行動に対する法廷闘争などが発生した。ブレグジットをめぐる政治的混迷や膠着状態が長引くなかで、これは単なる政策選択をめぐる対立ではなく、憲政危機(constitutional crisis)に移行した、ないしするかもしれないとの指摘が増えることになった。EUからの離脱プロセスのなかで、国の根幹が問われる状況に陥ったのである。

†政治危機か憲政危機か

まず、国民投票後の過程で明らかになったことの一つは、EUから離脱することの難しさである。メイ首相も、辞任表明間近の二〇一九年五月二一日の演説で、ブレグジットの履行は「自分が想像したよりも厳しかった」[20]ことを認めた。

一九七三年に当時のEEC（欧州経済共同体）に加盟して以降、単一市場に関する部分をはじめとして、イギリスという国の仕組み自体が完全にEUの一部となっていたのである。離脱派はEUとの統合度合いの深さが理解できていなかったのであり、北アイルランド国境問題を含め、次々に浮上する問題への対応は場当たり的なものにならざるを得なかった。

国民投票から半年ほど経った時期にドイツで開催された国際会議で、イギリス出身のとある元EU高官が、「抜けるのが無理なのがEUで、そのように作ったのだ」と述べていたのを、筆者は鮮明に覚えている。

こうした議論は、これこそがEUの罠だったという陰謀論的な批判にもつながるが、イギリス自身が自らの利益に照らして選択してきた道でもある。単一市場の構築にはそれを支える制度が必要なのであり、国家の根幹に関わらざるを得ない。そして、そのようなEUから離脱するためには、国家を作り直すぐらいの作業が必要になるのであった。

しかしこのことは、ブレグジットが必然的に憲政危機に発展することを意味しない。ブレグジットに関して積極的に発言してきた研究者であるアナン・メノンとアラン・ウエイジャーによれば、危機の本質が長期的であり政治体制自体を変更せずには解決しないのが憲政危機、短期的な性質で指導者の交代や選挙の実施で解決可能なのが政治危機である。[21]

仮にメイ政権が交渉したEUとの離脱協定が、二〇一九年春に政権の思惑どおりに議会で可決されていれば、粛々と、当初の期日通りに離脱が実現していたと考えることも可能である。それ以前に、メイ首相が二〇一七年に下院解散による総選挙を実施しなければ、少数与党に陥ることもなかった。

EUとの離脱協定に関する議会での投票では、（野党の反対は織り込み済みだったが）保守党内の分裂が深まったために大量の造反票が発生し、協定は否決され続けたのである。もっとも、造反票の発生自体は党内ガバナンスの問題にすぎない。ここまでであれば、政治危機の域を出なかっただろう。

それでも結果として、憲政危機が指摘される局面が生起することになった。例えば具体的には次のような問題が発生した。

・二〇一九年三月、ジョン・バーカウ下院議長が、同じ案件に関する採決を同一議会で再び行うことは議会の規則に反するとして、メイ政権によるEU離脱協定の三度目の採択の試みを阻止しようとした件。——メイ政権はそれに強く反発し、保守党の一部から、現議会を終了させ、再び女王スピーチを実施して新たな議会を開くべきだとの声が出た。

・二〇一九年六月の保守党党首選においてドミニク・ラーブ候補（元EU離脱相）が、「合意なき離脱」に議会があくまでも反対するのであれば、議会を停会（prorogue）する選択肢があると主張した件。

・二〇一九年九月にジョンソン首相が、五週間の議会停会を強行した件。——しかしこれは、ブレグジットが重要な局面にあるなかでの「議会での議論封じ」だとして野党から強い批判を浴び、法廷闘争に持ち込まれた。スコットランド最高裁に次いでイギリス最高裁も、ジョンソン政権の措置を、正当な理由のない長期の停会だとして「違法（unlawful）」との判断を下した。そのため、そもそも停会の措置が無効だったという整理になり、議会はすぐに再開された。

†何が憲政危機なのか——コモンセンスの消滅

これらはいずれも政府（内閣）と議会の間での綱引きの構図である。ブレグジット問題の膠着状態に着目すれば、「決められない」状態が続くこと自体が、イギリスにおける政治体制の限界であり、この状態を打開する手だてがないのだとすれば、憲政上の問題に発展し得る。

他方で、政治（議会）で頓挫した問題を国民投票によって解決しようという発想自体がイギリスの憲法的伝統に反するともいえる。国民投票とは議会ではなく国民が直接決定をする方法であり、イギリスが築いてきた「議会主権」の原則と国民投票は相性が悪いのである（国民投票の立法上、国民投票結果は法的拘束力を有さないが、それに反する決定を行うことが政治的に困難であることは明らかである）。

現実政治においては、立場の異なる相手を批判するために双方が憲政危機という言葉を使う例が少なくなかった。しかし、政策課題に関する立場の相違が深刻であるために議会において多数派の形成が困難であることが、そのまま現行の政治体制では問題解決が困難であることを意味するわけでもない。

総選挙を実施しても膠着状態が続く懸念は十分に存在したものの、下院の解散による総選挙という選択肢が残されていることは重要であった。それでも、「憲政危機」という、穏当ならざる用語が日常的に使われる状況自体が危機的だったことは間違いない。

単一の成文憲法を持たずに、一三世紀末のマグナ・カルタに始まるさまざまな重要な法律や判例、国際条約、慣習法などの集合体として構成されるイギリスの憲法は、プラグマティズム（実用主義）に支えられたものである。この体制を安定的に維持するためには、政治家と有権者がともにプラグマティックであり、抑制をはたらかせつつ、急進的な立場をとらないことが求められる。

これらは、コモンセンス（常識）といい換えることもできる。政治家として、明文化された法律を遵守するのみならず、歴史のなかで議会が積み上げてきた慣行に従うという姿勢である。

しかし、法の抜け穴を探して奇策を繰り出す、というのがジョンソン政権の特徴になっている。その背景には、ドミニク・カミングス顧問の影響があったとされる。カミングスは、二〇一六年の国民投票における離脱キャンペーンを率いた世論分析（および工作）の専門家であり、政治家の経験は全くない。非政治家に乗っ取られた政権だったということもできる。そうであれば、そこから政治的コモンセンスが消滅したとしても不思議ではなかったのかもしれない。

†内閣vs議会

ブレグジットをめぐるイギリス政治の迷走が提起したのは、端的にいって、政府の意思と議会の意思が異なる場合に、いかなる手続きに基づく調整が可能かという問題だった。

そもそも、議院内閣制をとるイギリスにおいて、政府（内閣）の意思と議会のそれとが異なることは、基本的に想定されない。議会の信任を得ない政府は存在できないはずだからである。

加えて、二大政党制・小選挙区制に支えられたイギリスの議会制度は、与野党間（ないし多党間）の妥協よりは競争・対決を基調とするものでもある。連立政権も例外的であり、妥協の文化が浸透しているとはいえない。ブレグジットをめぐる議会審議も、各議員が原則的立場を唱えるアピール合戦の様相を呈した。

これらの問題がさらに先鋭化したのが、第三章でみた二〇一九年一〇月三一日の離脱期日を延期するか否かをめぐる議会での攻防だった。それが可能になったのも、与党保守党が下院で過半数の議席を有しておらず、さらに党内の造反を抱えていたためである。

†連合王国分裂危機

「ブレグジットはイギリスがＥＵから離脱するだけのこと。ＥＵとの交渉は難しくないし、それでも仮に合意できなければ喧嘩別れでもよい」。離脱派の多くは、少なくとも当初、ブレグジットをその程度に捉えていた。何度も繰り返すが、この認識に落とし穴があったのである。

そうしたナイーブな発想だったために、ＥＵからの離脱をめぐってイギリス政治がここまで混迷し、危機的状態に陥ったことは想定外だった。「こんなはずではなかった」という気持ちとともに、苛立ちが募った所以である。

そして、さらなる想定外が連合王国分裂の危機である。イギリスの「主権を取り戻す」のが離脱派の主張の中心だったが、ＥＵ離脱によって国家の一体性の維持が危機に瀕している。

†連合王国と保守統一党

イギリスの正式名称は「グレートブリテン及び北アイルランド連合王国（United Kingdom of Great Britain and Northern Ireland）」である。イギリスは、グレート・ブリテン島にあるイングランド、スコットランド、ウェールズと、アイルランド島に位置する北アイルランドの四つの部分から構成される連合王国であり、これが「連合（Union・統一）」と称される。

メイ、ジョンソン両政権の母体となっている政党は、通常「保守党（Conservative Party）」と呼ばれるが、特に選挙の際は、「保守統一党（Conservative and Unionist Party）」との名称が使われることが多い。スコットランドにおいては独立派への対抗、北アイルランドではアイルランド共和国との統合を求める勢力（ナショナリスト）への対抗という意味で、連合王国としての統一の維持を強調する目的で使われる名称である。メイ首相も二〇一九年五月二四日の党首辞任表明の演説では、「保守統一党の党首を辞任する」と表明したし、二〇一九年一二月の選挙に向けたマニフェストの表紙にもこの名称が記された。

連合王国というイギリスの「国のかたち」は、一七〇七年の合同法（Acts of Union）によってイングランド王国とスコットランド王国が合併し、グレートブリテン連合王国が誕生したことに遡る。スコットランドが独立すれば、三〇〇年以上にわたるイギリスの歴史が覆ることになる。規模からいっても歴史的成り立ちに鑑みても、スコットランドの独立は「一地域の分離独立」ではなく、連合王国の分裂なのである。

†スコットランド独立問題への影響

EU離脱の行方次第では、まずはスコットランドの独立運動の再燃が懸念されている。スコットランドでは二〇一四年九月に独立の是非を問う住民投票が実施され、その際は約四五％対五五％で独立が否決されたものの、独立派が勝利する可能性も現実に存在していた。当時のキャメロン政権は必死の独立反対キャンペーンを実施したのである。

そのようなスコットランドは、二〇一六年六月のEU残留・離脱を問う国民投票では、約六二％が残留に投票した。イギリス内で地理的に「辺境」に位置するスコットランドにとっては、ＥＵという大きな枠組みの中にいることが不可欠だと認識されてきたのである。その結果、イングランド主導のイギリスが「合意なき離脱」を含むハード離脱に突き進むのであればイギリスを離脱すべきだという声が、国民投票直後から存在してきた。一部は、独立を問う再度の住民投票の早期実施を求めている。

スコットランド民族党（ＳＮＰ）を率いるスコットランド自治政府のニコラ・スタージョン首相は、再度の住民投票に言及しつつも、実際には慎重な言動を維持していた。というのも、もし二度目の投票を急ぎ、再び否決された場合には、独立の大義が崩壊する懸念があるからである。

実際、各種調査をみてもスコットランド世論が割れていることが分かる。二〇一九年四月の YouGov の調査では独立支持が四九％に対して反対が五一％だった。前年六月の調査に比べると独立支持が四ポイント上昇したが、独立支持が過半数には届いていない。五年以内の住民投票実施の是非についても、賛成四二％に対して反対が四八％であり、反対が賛成を上回った。[22]

統一維持を求めるロンドンの立場からすれば、再度の住民投票の実施を許すことは大きなリスクが伴う。そのため、再度の住民投票実施には拒絶反応が根強い。保守党内でＥＵ離脱に関する再度の国民投票への反対が根強かった背景には、残留派が勝利することへの懸念とともに、EU離脱に関する国民投票が再度行われるのだとすれば、スコットランド独立に関する住民投票も再度行われるべきだという議論につながることへの警戒が存在していたといわれる。

二〇一九年一二月の総選挙でジョンソン首相の保守党が勝利したことで、イギリスのEU離脱が確定し、スコットランド独立問題も新たな局面に入った。選挙で躍進したSNPは攻勢を強め、スタージョン首相は住民投票の実施を求める姿勢を明確にした。

スコットランドの世論が独立に大きく動いていることを示す十分な証拠はまだない。それでも、EU離脱が現実のものになるなかで、独立に関する議論が活発になることは確実であろう。ジョンソン政権はどこまでそれに抵抗できるのだろうか。そして、いかなる論理で住民投票に反対することになるのかも注目点である。

†北アイルランド国境問題の扱い――離脱派の本音

北アイルランドに関する問題も、ブレグジットに起因する連合王国分裂の危機として深刻である。

ともにアイルランド島に位置するイギリスの一部である北アイルランドとアイルランド共和国の間の国境は、イギリスのEU離脱後は、EUの内と外を分ける境界線になる。イギリスがEUの関税同盟から離脱するのであれば、そこでは税関検査が不可欠になる。しかし、一九九八年に締結されたアイルランド和平の重要な基礎の一つは、両者の間の「自由な国境」の維持である。そこでどのような措置が考えられるかが、ブレグジット交渉最大の難題として浮上したのである。

問題の詳細は次章（第五章）に譲るが、メイ政権が二〇一八年一一月にEUと合意した離脱協定では、仮に移行期間終了までに別の措置が見いだせない場合、北アイルランドの自由な国境を維持するために、イギリス全土がEU関税同盟に事実上残るという安全策が規定された。

しかしこれでは、保守党内を含め、北アイルランドに特別な利害や感情を有しない勢力にとっては、「ブレグジットが北アイルランド国境問題解決の人質にとられている」状態でしかない。

北アイルランド国境問題ゆえにイギリス全土がEUとの関税同盟に縛り付けられる、あるいはさらにはブレグジットの実現が危ぶまれるとすれば、彼らは納得がいかない。この問題さえなければ、EU離脱はスムーズに実現していたはずだという思いにもつながる。

二〇一八年六月、当時まだ外相だったジョンソンは、ロンドン市内の内輪の会合で、北アイルランド国境問題を、（事前には騒がれたものの実際には大きな問題にならなかった）「コンピューター二〇〇〇年問題」になぞらえ、「そんな小さな問題（北アイルランド国境問題）が大きな問題（ブレグジット）を左右するのを許していること自体が信じられない」と述べた[23]。録音が流出したのである。現職の外相の発言としては衝撃的だが、離脱派の本音だったのだろう。

二〇一六年六月の国民投票で北アイルランドは約五六％が残留であったうえに、国境現場での深刻な混乱が懸念される「合意なき離脱」への反発は極めて強かった。北アイルランドとアイルランドとの間の物理的国境設置を回避しつつ、イギリス（少なくともイギリス本土）のEU関税同盟からの離脱を達成しようとすれば、論理的には、北アイルランドとイギリス本土の間に関税同盟や単一市場の内外を分ける境界線を引かざるを得ない。メイ政権は、これを問題外として断固拒否したが、ジョンソンの前述の「本音」に照らせば、立場変更の余地が存在するということだったのだろう。

そして実際、首相就任後のジョンソンは、北アイルランドのみをいわばEU関税同盟に差し出す方針転換を行うのである。

†連合王国分裂を厭わない保守党員？

スコットランドや北アイルランドにブレグジットを邪魔されたくないという感情が、

（イングランドを中心とする）保守党員に広く共有されていたことを示す、興味深い調査結果がある。

二〇一九年六月に発表されたYouGovによる保守党党員を対象とした調査によれば、「スコットランドがイギリスを離脱する結果になったとしてもブレグジットを実現したい」という回答が六三％（反対二九％）、北アイルランドに関する同様の質問に対しては賛成が五九％（反対二八％）だった。さらに、保守党が破壊されたとしてもブレグジットを望むとしたのが五四％（反対三六％）だった。[24]

保守党の草の根党員レベルでEU離脱がいかに強く求められているかが明らかになった。のみならず、連合王国の維持や自らが党員となっている政党の維持よりもブレグジットが重要だという実態は、イギリス国内でも衝撃をもって受け止められた。

当時ちょうど並行して実施されていた保守党党首選挙における党員投票に合わせて、いかに保守党員が、「平均的イギリス人像」と異なる人々であるかがメディアで喧伝されることになった。そこでは、保守党員の九七％が白人、七一％が男性、四四％が六五歳以上であることなどが指摘された。

しかし、保守党党員の内訳に関する一連の報道の出典となった二〇一八年のロンドン大学クイーン・メアリのティム・ベイルの研究によれば、労働党と自由民主党も党員の九六

%は白人であり、[25]保守党員だけが特殊だったわけではない。年齢構成については、他の政党も高齢化が課題となっているが、保守党において顕著なのは、七五歳以上の党員の占める比率であり、これが保守党は一五%になっている。労働党は四%、自由民主党は六%で大きな差がみられる。

いずれにしても、前述のYouGovの調査から窺われるのは、ブレグジットを契機として連合王国解体の危機が実際に生じているとすれば、それはスコットランドにおける独立運動による突き上げよりも、主にイングランドの側の、連合の維持よりもブレグジットが重要だとする声によるものだという現実である。

北アイルランドに関しても同様である。加えて、北アイルランド国境問題については、これによってイギリス全土がEUの関税同盟に縛られ続けるのは容認できないという離脱派の苛立ちが存在する。

「合意なき離脱」も辞さないという強硬姿勢は、スコットランドや北アイルランドから見れば「イングランド・ナショナリズム」なのだが、結局のところそれがスコットランドや北アイルランドの連合王国からの離脱(独立)運動を後押しすることになった。この構図は、ジョンソン政権による離脱実現後も基本的には変わらないだろう。

第五章

北アイルランド国境問題とは何だったのか

北アイルランドとアイルランドの国境付近に掲げられた、国境管理の復活に反対する看板。

（毎日新聞社提供、2018年12月5日）

ＥＵとイギリスとの離脱交渉が進み、さらにはメイ政権下で二〇一八年一一月に最初の離脱協定が妥結された後の議会審議でのプロセスで、最大の問題となったのは北アイルランド国境問題だった。アイルランド島は、アイルランド共和国と北アイルランドに分かれており、後者はイギリス（連合王国）の一部である。

つまり、イギリスがＥＵから離脱した場合、この国境が、イギリスとＥＵとの間の陸上の境界線となり、ＥＵにとっては域外国境となるのである。イギリスがＥＵの単一市場と関税同盟から離脱する限り、同国境はそれらの境界線になり、通常であれば税関などの検査が行われることになる。

北アイルランド国境の自由な往来を確保し、「ハード・ボーダー」を回避することが、北アイルランド和平を維持するための不可欠な要件とされた。自由な国境は、一九九八年の北アイルランド和平の重要な基礎の一つであり、これが脅かされる場合には、紛争再発の懸念すら指摘されていた。

そこでメイ政権は、すでに二〇一七年一二月のＥＵとの共同報告書によって、北アイルランドにおける「ハード・ボーダー」回避へのコミットメントを表明していた[26]。

しかし、単一市場、関税同盟の内と外を分ける境界線でありながら物理的な管理を行わないためにはどうすればよいのか。まさに「言うは易く行うは難し」だった。これをいか

図表5　イギリスとアイルランドの地理

に実現できるのか。できなかった場合はどうするのか。

移行期間終了までに新たな解決策が見つからなかった場合の保証措置として考案され、二〇一八年一一月の離脱協定に盛り込まれたのが「安全策（バックストップ）」だった。これは、イギリス全土を暫定的にEUの関税同盟に事実上残留させることで、北アイルランドとアイルランドの間の国境を開かれたものとして維持するという考え方だった。

本章では、北アイルランド国境問題がいかに登場し、何が問題とされたのかをまず検証する。そのうえで、メイ政権がこの問題への対処に失敗した後、ジョンソン政権がいかなる立場をとることになったのかをみていくことにしたい。

†北アイルランド国境問題の起源

アイルランドがイギリスから独立する過程で、プロテスタントが多数を占める北アイルランドは、カトリックが多数のアイルランドのなかで少数派になることを恐れ、イギリスの一部になることを選択した。しかしその結果、北アイルランド内でのカトリック差別などの問題が発生し、北アイルランドをめぐる紛争が勃発することになった。

一九六〇年代から七〇年代にかけて、南北アイルランドの統一をかかげるアイルランド共和軍（ＩＲＡ）などによる武力闘争がピークを迎え、多数の犠牲者を出した。武力闘争は一九九〇年代に次第に下火となり、一九九八年四月に、北アイルランド議会の創設や、アイルランド国会と北アイルランド議会との間の南北評議会の設置などを含む和平合意(Good Friday Agreement)が成立した。その際に、北アイルランドとアイルランド共和国との間の国境の自由な往来が規定され、南北間の安定の基礎とされたのである。

さらに、イギリスとアイルランドとの間には、「共通旅行地域（ＣＴＡ）」と呼ばれる、人の出入国に関して国境管理を最小限にするための枠組みが、アイルランド独立直後の一九二三年から存在し、数次にわたって更新されてきた。出入国管理については、アイルランドもＥＵのシェンゲンに参加していないことから、ブレグジット後もこれを維持することで特段の問題は生じなかった。しかし、特に物の自由移動について、国境管理の方法が問われることになった。

†メイ政権の安全策

メイ政権が二〇一八年一一月にEUとの間で合意した離脱協定で規定された安全策は、離脱協定に規定されたいわば保険であった。

イギリスのEU離脱後、移行期間を使って、北アイルランドとアイルランド共和国との間の開かれた国境を維持するための恒久的措置の準備が進められる想定だったが、同期間終了までにEU・イギリス間で合意・実施できない懸念があった。そのような状況のための措置が安全策である。つまり、移行期間の間に恒久的措置の準備が整えば、使用する必要のないものだった。

安全策の基礎となるのは、EU・イギリス間での「共通関税領域(common customs territory)」の創設だった。関税同盟という言葉が避けられているが、主たる柱の一つは関税同盟である。単純化すれば、アイルランド島における開かれた国境を維持するために、暫定的ながら移行期間終了後もイギリス全土がEU関税同盟に残留するということである。逆にいえば、これによって、結果として北アイルランド国境の物理的管理が不要になる。

離脱交渉においてメイ政権が掲げたレッドライン（絶対的条件）の一つが関税同盟からの離脱であった。だからこそ、それに反する安全策は問題視され、造反議員による標的になった。

非加盟国でありながら関税同盟に残留した場合、ＦＴＡ（自由貿易協定）の締結などの自律的な貿易政策の実施というもう一つのレッドラインにも抵触する。

また、ＥＵが制定する各種の規則なども、制定には参画できないものの、全て受け入れなければならない立場になる。いわゆる「ルール・テーカー」である。それでもメイ政権としては、これが唯一可能な妥協案だと考え、受け入れたのだった。

†何が問題となったのか

この安全策に猛反発したのが保守党内の強硬離脱派だった。彼らは、安全策の中身やそれが離脱協定に含まれたこと自体に反発したわけだが、なかでも問題視したのは、ひとたび安全策が発動されてしまうと、（一）それには期限がなく、（二）さらにイギリス単独の意思では終了させられないことだった。それではイギリスは永遠にＥＵの関税同盟に縛り付けられてしまい、抜けられないというのである。脱出できない刑務所のようなものだという議論も聞かれた。

離脱協定に反発する強硬離脱派は、安全策に期限を設けることや、それをイギリスが一方的に終了させられる法的規定などを要求した。しかし、恒久的措置がないなかで安全策に期限を設けたり、イギリスによる一方的な終了を可能にすることにはEUが強く抵抗した。それらを認めてしまっては保険の意味をなさないからである。

それでも、安全策をめぐってイギリス議会が紛糾し、離脱協定が承認されない状況が続くなかで、EU側も、離脱協定の本文に触れない範囲での対処には応じることになった。それが二〇一九年三月一一日のストラスブールでのメイ首相とユンカー欧州委員会委員長との間の合意だった。これは、新たな合意というよりは、安全策に関する離脱協定の規定の解釈を改めて「法的拘束力をもって」確認するという性質のものだった。

移行期間終了までを目標に、恒久的措置に関する交渉を迅速に進めること、および、安全策が導入された後に、たとえばEU側が恒久的措置に関する交渉を故意に遅らせているような疑念が生じた際の紛争解決メカニズムの使用などが再度確認されたが、いずれも、すでに離脱協定に規定されていたことの再確認であった。

安全策反対派の議論は、法律論の体裁をとっていたものの、その根底に存在していたのは、強硬離脱派による強いEU不信だった。彼らにしてみれば、安全策はEUに一方的に有利であり、EUはそれを永続させようとイギリスを欺くだろうというのである。EUは恒久的措置への合意を妨害するのではないかという疑念も聞かれた。安全策は「ＥＵによる罠」だというのである。メイ政権は、こうした不信感を法的保証によって乗り越えようとしたのだが、かなわなかった。

†どこに境界線を設けるのか――トリレンマ

安全策をめぐる問題は、政治的論争の対象になってしまったものの、本来の問題はすぐれて技術的なものだった。そして問題の構図は明確だった。

イギリスがＥＵ離脱に伴ってＥＵの関税同盟からも抜けた場合に、国境管理の必要性と、アイルランド和平の文脈での開かれた国境の維持の二つをいかに両立させるかという課題である。

そこでは、国境で止まらずともトラックの積荷をチェックする新しい技術の可能性などが議論されてきた。しかし、そのような技術は、少なくとも現時点では存在していない。新たに技術開発するとして、移行期間が終了する二〇二〇年末までに全ての準備が整う可能性はほぼ皆無とされた。

世界で最も先進的といわれるスウェーデンとノルウェーの国境においても、一般の車両は自由に通過するものの、トラックは税関で止まり必要な手続きを行う。ノルウェーはＥ

U単一市場には参加しているものの、関税同盟に参加していないために、税関のチェックポイントが必要なのである。

国境管理・税関検査に関する課題は明確であり、結局どこに境界線を引いてどこで管理をするかということである。これには三つの可能性しかない。

第一は、EUの域外国境であり、これはアイルランド共和国と北アイルランドの間の国境である。第二は、北アイルランドのみに特別の地位を付与し、事実上の「EU加盟国」として扱うことであり、その場合、イギリス本土（グレート・ブリテン島）と北アイルランドの間のアイリッシュ海に境界線が引かれる。第三は、北アイルランドを含むイギリス全土をEU（関税同盟）内に置くことであり、EUとイギリスの間に境界線を設けない。

このうち、アイルランド和平の観点から第一を否定し、イギリスの国家の一体性確保の観点から第二を否定すれば、第三の可能性しか残らない。EU側は当初第二の案、つまり北アイルランドのみへの特別措置の導入を主張したが、メイ政権はこれを拒否し、第三の選択肢に落ち着いた経緯があった。

ただし、その場合には、イギリス全土がEUの関税同盟に残留することになってしまい、関税同盟からの離脱というメイ政権のレッドラインの一つが実現しなくなる。そのために袋小路に陥ったのである。

結局のところ、（一）アイルランドの開かれた国境、（二）イギリス内の境界線の回避、（三）EU関税同盟からのイギリス全土の離脱のうち、どれかを断念する必要があるという、「トリレンマ」の構図だった。メイ首相の離脱協定は、（三）を断念したということになる。

二〇一六年六月の国民投票にいたる議論では、アイルランド国境の問題はほとんど議論されておらず、端的にいって、当事者であるイギリス人ですら（ごく一部の専門家を除いて）、この問題の重要性にほとんど気がついていなかったといってよい。そのため、この問題に「不意打ち」を受けたといった反応が、イギリス政府のハイレベルからも聞かれたのである。

†関税同盟だけでは解決しない問題

これまでのイギリスにおける議論の中心になってきたのは関税同盟である。しかし、離脱協定では、安全策に関して純粋に関税以外に関する数多くのEU規則などが言及されている。これらを含めてイギリス側がEUの各種法制や基準を受け入れることによってはじめて、開かれた国境が実現するのである。

というのも、EU域外国境で行うチェックは、関税の徴収だけでは全くないからである。

この点に関するイギリス側の認識は当初から不十分だったようであり、EU側のフラストレーションの原因にもなっていた。

そうしたなかで二〇一八年五月の段階で欧州委員会が発表したのが次の表だった（図表6）。これは、EUの域外国境において管理が必要となる項目の一覧である。関税同盟によって不要になるのは、図表6の二重線で取り消した部分、すなわち原産地の確認と関税の徴収のみであり、規制に関する部分は基本的に全て残るのである。

つまり、規制に関する合意——EU規則の受け入れ（alignment）——があって初めて開かれた国境が実現する。安全策はこれらを含めた合意であり、関税同盟のみの議論ではバランスを失することになる。

†スケープゴートとしての安全策

メイ政権の交渉した安全策は、イギリス議会での離脱協定承認にあたって、確かに最も反発を受け、批判された項目だった。しかし、これがEUとイギリスとの間の対立の原因であったと結論づけるには注意が必要である。というのも、安全策は、EU・イギリス対立におけるスケープゴートだった側面があったからである。

少なくとも、EU・イギリス交渉は、安全策が存在したゆえに困難なものになったので

図表6　EUの境界線で行われる各種チェックの内容

動植物検疫当局
治安当局

国境における治安・安全管理

- 安全管理の予備申告
- 動物
- 動物性製品
- 食用でない動物性の副産物
- 動物起源製品の個人持ち込み
- 中国・香港からのプラスチック製キッチン用品
- 生果物・野菜
- 非植物由来の高リスク食品・飼料
- インドからのオクラ、カレーの葉
- 中国からの無認可の遺伝子組み換え米、米製品
- 福島からの食品および飼料
- インドからのグアーガム
- 植物防疫
- 足かせ罠を使用している国からの特定の毛皮
- 侵略的外来種

↑
税関での協力
↓

輸入税関事務所による金銭的管理（税関当局）

- リスク情報に基づく全ての税関申告に関する関税手続き（EU関税法典）
- 物品の分類
- ~~原産地証明、~~ 自由流通証明
- 課税価格
- ~~関税~~
- 付加価値税
- 物品税

市場監視当局

輸入税関事務所による市場監視

- 工業製品
- リスク評価に基づく管理（市場監視当局による自由流通の中止、禁止、解除）
- 適合製品のみが市場に流通することを確保
- 非食料品に関する68のEUレベルの基準調和（例：自動車の型式認証、オゾン層破壊物質、EUエコラベル、玩具のCE表示、花火、民生用火薬、防具、医療機器）
- 人間・動物用の医薬品に関する規制

関税同盟

出典："Slides on customs controls," TF50（2018）38 - Commission to EU 27, Brussels, 22 May 2018.

はなく、ＥＵの単一市場・関税同盟からの離脱といういわば「ハード離脱」が選択された結果として、交渉が難航し、北アイルランド国境問題への対処として安全策が登場せざるを得なくなったというのが実態だった。

†「合意なき離脱」の場合の北アイルランド国境問題

もう一点振り返っておくべきは、「合意なき離脱」になっていた場合の北アイルランド国境の行方である。これに関してイギリス政府は、北アイルランド国境では当面税関検査を行わないとした。現実に、税関検査を行うチェックポイントなどのインフラが整わない以上、検査を行うことはできず、この方針は、現実に則したものではあった。

しかし、「主権を取り戻す」ためにＥＵを離脱するはずのイギリスとしては、皮肉すぎる結果だっただろう。関税の徴収は、伝統的に国家にとって重要な主権の行使だからである。しかも、ＦＴＡの締結を経ずに一方的に関税の徴収を行わないことは、アイルランドのみに対する特恵措置であり、ＷＴＯ（世界貿易機関）の諸ルールとの関係でも問題となる可能性が指摘されていた。

†ジョンソン政権による再交渉

二〇一九年七月に発足したジョンソン政権は、当時の離脱期日であった一〇月三一日を死守することを至上命題としていた。第三章でみたとおりである。

一〇月三一日の離脱を実現しつつ、「合意なき離脱」を避けるという議会の意思から自由になれないとすれば、残された可能性は離脱協定と政治宣言を再交渉することだった。そして、その焦点は、当然のことながら安全策であった。

ジョンソンは、安全策の撤廃を保守党党首選の公約にしていたと同時に、首相就任以降も、同様の主張を行っていた。しかし、EUとの交渉の開始は遅れた。その間、ジョンソンは口では再交渉を訴えながら、再交渉に本気ではないのではないか、再交渉をEUに拒否されたことを口実に「合意なき離脱」に突き進みたいのが本心なのではないかという憶測が高まっていた。

しかし、首相就任直後の夏休みが明けた九月以降、ジョンソン政権は、国内においても、そしてEUに対しても、新たな合意に向けた動きを活発化させたとみられる。その背景にあったのは、第三章でみた「離脱延期法」の成立だった。これにより、ジョンソン政権の選択肢が狭められたのである。

ＥＵ側も徐々に対応を本格化させ、九月一六日にジョンソンがルクセンブルクを訪れてユンカー委員長と会談した後、欧州委員会は、イギリス側からの提案が未だになされていないことを明らかにしつつ、提案がなされるのであれば、「週末を含め一日二四時間態勢で対応可能[27]」だとした。

「合意なき離脱」にいたる可能性を考慮し、その場合でも責任はイギリス側にあることを示すための政治的メッセージだったという側面も否定できない。だが、交渉をしようにも開始できないなかで、時間だけが経っていくことへのＥＵ側の苛立ちは本物だったのだろう。欧州委員会は、ヨーロッパでは珍しく通常でも残業する職員が少なくないが、それでも二四時間対応するとは、本気を示したということでもあったのかもしれない。

九月一九日には、パリでマクロン仏大統領とＥＵ議長国フィンランドのアンティ・リンネ首相（当時）が会談し、九月末までにイギリスから文書による正式な提案がなければ「それで終わりだ」という方針で一致した。ＥＵ側のジョンソン包囲網も狭められたのだった。

イギリス側はこの時期、ＥＵに対してより詳細な口頭での説明を行っていたようだが、文書による詳細な提案はしていなかった。というのも、マンチェスターで九月二九日から一〇月二日まで保守党大会が予定されており、ジョンソン政権は党内の反発を避けるために、党大会前の公式な提案を避けたとみられていた。

†北アイルランド限定の安全策へ

ジョンソン政権が可能性を否定し続けつつも、北アイルランド限定の安全策、ないしそれに準じる「代替措置（alternative arrangements）」を導入する方向で方針転換がなされるという観測は徐々に強まっていた。

北アイルランドのみを関税同盟や単一市場に事実上とどめる安全策は、当初EU側が提案したものである。ジョンソン政権下のイギリスで議論されているものと完全に同一ではなかったものの、北アイルランド限定の措置という基本的な方向性はEUも受け入れ可能だと想定されていた。

ジョンソン自身は、二〇一九年九月一一日の国民へのビデオメッセージで、北アイルランド限定の安全策を明確に否定したが、否定したのは「安全策」であって、呼称の異なる他の何らかの措置を目指す可能性を残したともいえた。

ジョンソン流の表現によれば、北アイルランドの「人はブリティッシュだが、牛はアイリッシュ」だという。[28] 農産物や動物の検疫に関わる部分のみ北アイルランドがEUの各種規制に従うことで、国境での動植物検疫を不要にするという考えであった。加えて、物の貿易に関しては、税関チェックポイントを国境から離れた場所に設置するという案も議論されていた。

しかし、これらに関しては、維持しなければならない「自由な国境往来」の定義が問われることになる。物理的チェックが国境線上ではなく他の（国境からは）見えない場所であればよいという議論はさすがに成立しないが、実際にはこうした問題の微調整の中から双方が受け入れ可能な妥協点を探すことになるのだ。[29]

先述のとおり、農産物と動物のみの規制受け入れでは、自由な国境は実現しない。付加価値税（VAT）や国家補助、さらには欧州司法裁判所の管轄権の問題などに包括的に対処する必要があるからである。この点は、イギリスとの会合においてEU側が繰り返し指摘していたと伝えられた。

†「メイ合意」から「ジョンソン合意」へ

メイ前政権は、北アイルランド限定の安全策ではイギリス国内（アイリッシュ海）に実質的な境界線ができることになるため、国家の一体性の観点から受け入れ不能だとし拒否した。その対案がイギリス全土を対象とする安全策だった。それが結果として、EUの関税同盟などに縛られ続けるとの批判を招くことになった。

国家の一体性という原理原則論もさることながら、メイ政権にとって考慮すべきは、連合王国としての統一（union）を重視する民主統一党（DUP）との閣外協力であった。DUPは安全策に反対であり、その一〇票があってかろうじて下院の過半数を維持していたメイ政権にとって、DUPが拒否するものを押し通すことは無理だったのである。

先述の通り、ジョンソン自身は外相時代に、北アイルランド国境問題などという「小さな問題が大きな問題（ブレグジット）を左右するのを許していること自体が信じられない」と発言しているし、保守党員対象の調査では、北アイルランド（やスコットランド）がイギリスを離脱する結果になったとしてもEU離脱を追求すべきという声が過半数に達している。北アイルランド限定措置の可能性が浮上する土壌は当初から十分に存在したのである。

実際、二〇一九年一〇月に合意された新たな離脱協定（ジョンソン合意）は、北アイルランドのみを特別扱いにすることで、国境問題を解決することになった。

「ジョンソン合意」によれば、北アイルランドは、EUの関税地域（関税同盟）から法的には離脱するものの、実態としてはEU側に事実上残留することになる。これにより、アイルランド島における北アイルランド（英連合王国の一部）とアイルランド共和国との自由な国境が確保される。

他方、このことは同時に、北アイルランドが、イギリス本土から切り離されることをも意味する。イギリス本土から北アイルランドに入る（一部の）物品には予めEUの関税がかけられ、その後、同物品が北アイルランド内で消費されたことが確定した段階で関税が還付されるという制度が想定されている。極めて複雑かつ煩雑な制度である。各種規制面においても、北アイルランドは、イギリスの一部というよりは、EU側に位置すると捉えるほうが現実に近くなる。

それでも、これによって、イギリス本土がEUの関税同盟から離脱し、規制と貿易に関しても、離脱後のイギリスがEUと異なる選択をする自由が確保されたのである。これこそがジョンソン政権の求めていたものだった。

†北アイルランド限定措置の懸念される帰結

ジョンソン政権による新たな離脱協定によって、北アイルランド国境管理の問題自体は解決することになった。しかし「ジョンソン合意」は、北アイルランドに関して今後さらに大きな問題を惹起する可能性がある。

北アイルランドのイギリス（連合王国）からの離脱、アイルランド共和国との統一という問題への波及である。北アイルランドとイギリス本土の間に事実上のEUの境界線が設けられれば、そうした議論を封じるのは難しくなるのではないか。

これはまさにイギリス分裂への道であり、パンドラの箱を開けることになりかねない。加えて、将来的に北アイルランドでの住民投票が実施され、アイルランド共和国との統一が選択された場合に、イギリス残留派のユニオニスト（unionist）が結果を平和的に受け入れる保証はなく、武力闘争への逆戻りの可能性も過小評価すべきではない。

二〇一九年九月発表の最新の北アイルランドでの世論調査（Lord Ashcroft Polls）[30]によれば、「もし明日投票があったとすれば」という問いに対し、「分からない」と「投票しない」を省いた場合、「イギリスを離脱してアイルランドに参加（join）する」が五一％、「イギリスにとどまる」が四九％だった。離脱派が残留派を上回ったのは初めてである。

ブレグジットにより北アイルランド国境問題が翻弄されていることが、イギリス政府への反発に繋がっている可能性が高い。さらに、年齢層別でみると、一八歳から二四歳では六〇対四〇、二五歳から四四歳では五五対四五で、いずれもイギリス離脱が有意に上回っている。イギリス残留が明確に多いのは、六五歳以上の層のみであり、そこでは、残留が六二％になる（いずれも「分からない」と「投票しない」は省いた数字）。

「ジョンソン合意」が示すように、イングランドを中心とするイギリス本土の側が、北アイルランドよりもブレグジットの実現を優先するのであれば、北アイルランドのイギリス離脱感情が高まることは確実だといえる。

もっとも、それが住民投票の実施、そして実際のイギリス離脱につながるまでには、当然のことながら紆余曲折があるだろう。アイルランド側がどこまでこれを歓迎するかも不明である。政治的な総論としては統一に賛成でも、各論に入れば、武力紛争再発の懸念以外にも、例えば北アイルランドが現在イギリス政府から受けている各種の補助金を考慮した際に、これをアイルランドが肩代わりすることに、アイルランド国民の支持が得られるかという問題もある。そのため、アイルランド側での議論にも着目しなければならない。[31]

連合王国分裂の問題に関しては、スコットランド独立問題が注目を集めることが多いが、引き金としてのブレグジットがより直接的な効果を有する可能性が高いのは北アイルランドである。

というのも、スコットランドが独立する場合は独立国家の誕生となり、その後にEUに加盟する際には、加盟交渉を一から新たに行う必要があり、ハードルが高い。それに対して北アイルランドで想定されるのは、EU加盟国であるアイルランドとの統一であり、これが国際社会、そしてEUで認められる限りにおいて、個別の加盟交渉プロセスなしにEUの一部になる。[32]その意味で、スコットランドと比べて北アイルランドのほうが、連合王国離脱後の展望を立てやすいのである。

†スコットランドへの波及も？

なお、「ジョンソン合意」によって、北アイルランドに対してEUとの関係における特別な地位が導入されることを受け、スコットランドでは、同様の措置を求める声も聞かれる。

これは、EU側に受け入れる動機が乏しいともいえる。それでも、独立問題をめぐるジョンソン政権とスコットランドの間の駆け引きのなかで、EUとの関係における何らかの特別な措置の導入は、交渉の材料になる可能性があるかもしれない。

第六章
再度の国民投票、離脱撤回はあり得たのか

再度の国民投票を求めて行われた、EU残留派の大規模なデモ。
(ロイター/アフロ、2019年10月19日)

二〇一六年六月の国民投票結果を受けて、敗れた残留派からは再度の国民投票実施を求める声が継続して聞かれた。EU離脱がイギリスの国益に反するという判断に加え、国民投票キャンペーンで離脱派によって主張された内容の一部に虚偽や誇張があり、投票結果が歪められたのだとすれば当然のことだろう。

二〇一六年一一月のアメリカ大統領選挙でのトランプ候補当選を受けて、反トランプ派はトランプ批判を強め、弾劾を含めて、トランプを文字通り引きずり下ろす可能性を常に追求してきた。そうした立場からすれば、イギリスのEU残留派はおとなしく見えるということにもなる。

その背景には、「たとえ理不尽であっても与えられたものを運命として粛々と引き受ける」といった、痩せ我慢にも通じるイギリス人エリートの気質があるのかもしれない。政治家も官僚も、従来は残留を支持しながら、離脱のための交渉や諸準備を淡々と進めようとする姿は、見方によってはシュールですらある。メイ首相はその象徴だった。

では、再度の国民投票や離脱撤回（EU残留）は、二〇一六年六月の国民投票後の選択肢として本当にあり得たのだろうか。二〇一九年一二月の総選挙でジョンソンの保守党が勝利し、EU離脱が確実になったことで、再度の国民投票の可能性はなくなった。しかし、これをめぐる議論は、ブレグジットの本質を映す鏡であったため、本章ではこの点を考えたい。どのようなものが提起され、どのような問題が存在したのか。

筆者の結論は、たとえ再度の国民投票を実施して残留が選択されたとしても、そこにも重大なコストとリスクが存在しており、ブレグジット問題の解決にはならなかった可能性が高いというものである。「覆水盆に返らず」である。その背景を順にみていこう。

†メイ首相の最後の一手

再度の国民投票は、保守党にとっては最も避けたいシナリオだった。党内の離脱派にとっては、ＥＵ離脱という決定が覆る懸念があったからである。そのため、メイ政権も、再度の国民投票に反対する姿勢を繰り返し示してきた。

しかし、メイ首相が再度の国民投票実施容認に明確に傾いた瞬間があった。辞任表明直前の二〇一九年五月二一日である。それまで数週間にわたって、ブレグジットをめぐる事態の打開を目指し、野党労働党との協議を行ってきたが、それも決裂していた。そうした追い詰められた状態で、メイ首相は最後の一手を繰り出した。労働党を念頭においた「妥協」を自ら行い、「新たな合意」を提示したのである。

そこには、与野党協議で労働党が強く求めていた、離脱協定を承認するための国民投票の実施が含まれていた。離脱協定法（ＥＵとの離脱協定を履行するための国内法）が可決されれば、国民投票実施の是非を議会で採決し、政府はその結果に従うとした。

この提案には、北アイルランド国境に関する安全策の適用を阻止するための国内の準備を法制化するといった点を含め、さまざまな要素が含まれていたが、労働党にアピールする前に、足元の保守党の反発を招く結果になった。

保守党の反発を招いた最大の要因は、離脱協定承認のための国民投票実施に明確に言及したことだった。メイ首相が提案を決定し発表するまでのプロセスが不透明だったことも反発を呼んだが、それは手続きに関する問題だった。本質的には、国民投票の容認が、保守党の従来の政策からの大きな逸脱だと判断されたのである。

同提案を受けて、閣内を含め、保守党内でのメイ首相への退陣要求が一気に強まることになった。メイ首相が退陣を表明するのは、このわずか三日後の五月二四日だった。国民投票容認の姿勢が、最後のとどめになってしまったのである。

†「承認のための投票」

政治の場でも報道でも、「再度（二度目）の国民投票（second referendum）」という表現が頻繁に使われたものの、想定される国民投票の性格や中身についての合意は全く存在していなかった。二〇一六年六月の国民投票は「残留」か「離脱」かを問うものだったが、全く同じ選択肢で再度の国民投票を行うことになる可能性は一貫して極めて低かった。

そこで現実的選択肢として考えられたのは、ＥＵとの間の何らかの離脱協定が議会で可決された場合に、それを承認するか否かを問う国民投票である。労働党はこれを求めてきたが、保守党内では拒否反応が根強かった。

なお、労働党を含め国民投票の支持派は、「再度の」ではなく、「承認のための（confirmatory）」投票と表現することが多かった。「再度の」とした場合、前回の国民投票結果を否定するようなニュアンスが生じ、当時示された民意の否定と批判されかねないからである。そのため、次回は離脱の是非ではなく、交渉結果としての離脱条件の諾否を問うものであり、二〇一六年の国民投票とは性格が異なるという点が強調されることになった。

この「承認のための投票」を党の方針として要求している労働党内でも、その詳細に関してコンセンサスがあるわけではなかった。党首のコービン自身、その是非に関して当初は曖昧な姿勢だった。党内における離脱派と残留派――さらには、離脱派が多数の選挙区選出議員と残留派が多数の選挙区選出議員――の間には綱引きが存在し、そのいわば妥協点が、少なくとも表面的には中立的にみえる国民投票実施だったのである。

†国民投票での選択肢

国民投票が行われる場合に、どのような選択肢を設定するかは、きわめて困難な課題であった。可能性として考えられたのは、選択肢が二つだとした場合、(一) EUとの合意(イギリス議会で承認されたEUとの離脱協定)を承認するか否か、(二) 合意承認か「合意なき離脱」か、ないし (三) 合意承認かEU残留か、などの組み合わせであった。あるいは、合意が成立しないなかでの国民投票を想定するのであれば、(四)「合意なき離脱」か残留かという選択肢が考えられた。

しかし、選択肢を決定すること自体が大きな決定である。「合意なき離脱」が議会で繰り返し否決されてきた事実を踏まえれば、それが選択肢に入る可能性は低かった。また、協定の承認が否決されるだけでは何の解決にもならないため、合意承認以外の選択肢は「残留」、すなわち離脱意思の撤回以外に考えにくかった。

もっとも、投票用紙に記載される選択肢が二つでなければならない必然性はない。しかし、選択肢が三つ、ないしそれ以上になると、過半数を占める結果が出る可能性が低くなるため、国民投票としては不都合である。

また、例えば三つの選択肢を選好順に並べるといった投票形式が言及されたこともあるが、専門家によるブレーンストーミングとしてであればともかく、投票方法の周知徹底の困難さなどを考えれば、全有権者を対象としたような大規模な投票において現実的なものとはいいがたかった。

†国民投票実施への道

どのような呼称を使うとしても、国民投票の実施自体は、本来であれば中立的な選択肢である。結果がどちらになるか分からないからである。しかし、二〇一六年六月の国民投票以来、再度の国民投票実施は、EU残留派の要求であった。離脱派は国民投票ですでに勝利している以上、再度実施する動機が皆無である。再度の国民投票を実施して「残留」が選択されてしまえば、せっかく勝ち取ったブレグジットが霧散してしまうからである。

それでも、議会が膠着状態になり、メイ政権が崩壊状態に陥るなかで、再度の国民投票を求める声、およびそれを不可避であると受け入れる声は、二〇一九年春から夏にかけて顕著に増加した。

結局選択されなかったが、例えば議会下院で二〇一九年三月から四月にかけて二度実施された、ブレグジットに関するさまざまな選択肢についての投票では、「承認のための投票」の実施を求める動議の採択が、三月二七日は賛成二六八票、反対二九五票、四月一日は賛成二八〇票、反対二九二票という結果になった。いずれも否決されたものの、結果は拮抗しており、票差も縮まることになった。概ね労働党が賛成、保守党が反対という結果になったが、保守党からはそれぞれ八票（三月二七日）、一四票（四月一日）が賛成にまわり、労働党からはそれぞれ二七票、二四票が反対にまわった。

再度の国民投票を実施するためには新たな立法措置が必要であり、ハードルは高かった。しかし、総選挙を含む他の方法によってもブレグジット問題の打開が不可能だという認識が高まった場合に、再度の国民投票という選択肢が存在したことだけは確かであろう。

†EU側の受け止め

EUからみた場合の再度の国民投票実施は、やはりイギリスのEU残留への「機会の窓」であった。仮にイギリスがEU残留を決めるのであれば、無条件に歓迎するという声はEU側でも根強かった。

欧州理事会のトゥスク議長はそうした立場の筆頭格だった。離脱期日の二〇一九年一〇月末までの延期を決めた、同四月一〇日の欧州理事会の内容に関する欧州議会への報告でトゥスクは、ブレグジットの撤回について、「夢見る人も夢も必要だ。決定論に与するわけにはいかない[33]」として、イギリスのEU離脱回避の希望を捨てない考えを示したのである。

加盟国レベルでは北欧諸国や中東欧諸国の多く、さらにはオランダなどがそうした立場に近かったとみられる。しかし、ここまできてしまったからには、もうこれ以上ブレグジットに煩わされたくないうえに、イギリスのいないEUのほうが結束できるという声が、フランス(マクロン政権)を中心に高まっていたのも事実である。

†国民投票でも解決しないブレグジット

EU離脱問題ゆえにイギリス政治が機能不全に陥ったことに鑑みれば、国民投票という非常手段に打って出ることの合理性は十分に存在したかもしれない。それでも、政治が結論を出すことのできない困難な問題を、国民投票の実施により国民に委ねることは、代議制民主主義の原理原則から問題なしとはいえない。政治の責任放棄だといってもよい。

そのうえで、仮に国民投票を実施したとして、ブレグジットの迷走に終止符を打つことはできただろうか。

国民投票実施の前提に立てば、EU離脱問題を円滑に処理する観点で最善の結果は、新たな国民投票でEUとの離脱合意が承認されることであった。これにより、「秩序ある離脱」が実現する。残留派には不満が残るだろうが、二度の国民投票を経たことの意味は重かっただろう。

ただし、この場合の国民投票キャンペーンは、二〇一六年のものよりさらに激しい政治対立や二極化を生じさせることになる可能性が高く、イギリスという国家の結束の観点ではプラスにならなかっただろう。フェイクニュースが飛び交う汚いキャンペーンになることも避けられない。メイ首相の五月二一日の提案に抗議して辞任したアンドレア・レッドサム院内総務も、首相宛ての辞任書簡のなかで、新たな国民投票は「危険なまでに分裂的(dangerously divisive)[34]」だと指摘した。

他方で、これは選択肢の設定次第だが、再度の国民投票でEU残留が選択された場合にはどうなっただろうか。残留派にとってはこれこそが狙いだが、リスボン条約第五〇条に基づく離脱意思を撤回するだけで、ブレグジットをめぐる一連の問題が「解決」すると考えるのはナイーブすぎたのではないか。

†離脱撤回でブレグジットは解決したか?

EU離脱問題をめぐってイギリス政治が迷走するなかで、離脱意思の撤回によるEU残留の選択肢があったか否かを考えるにあたっては、まず、離脱意思撤回の手続きを確認しておく必要がある。

EUからの離脱手続きはEUの基本条約であるリスボン条約第五〇条に規定されており、メイ政権はこれに基づいて二〇一七年三月二九日に、EUに対する書簡で離脱の意思を通告した。

ただし、これはあくまでも「意思」であり、離脱が実現する――離脱協定の発効、ないし「合意なき離脱」――前であれば撤回が可能である。離脱意思撤回の可否については議論があったが、二〇一八年一二月、欧州司法裁判所はこれを可能とし、イギリスが自国の判断により一方的に行うことができるとの判断を示した。[35]

離脱意思の撤回を明示的に禁じる規定がないことから撤回が可能であり、その手続きは、離脱意思の通告に準じる（すなわち一方的に可能）としたのである。少なくとも法的には、EU側での同意のための手続きも不要である。つまり、イギリスが自国の手続きにのっとって離脱意思の撤回を決めた場合、EU側にはそれを受け入れる以外の選択肢がないということだった。

イギリスによる離脱意思撤回の可能性は、政治レベルでも確認されていた。最長で二〇一九年一〇月三一日までとなる離脱延期に合意した同四月一〇日の欧州理事会結論文書（第二章参照）は、離脱を撤回するイギリスの権利に明言した。加えて、先述のとおり、トウスク議長は当時、イギリスの離脱撤回をまだ「夢見ている」とさえ語っていたのである。

しかし、そのためのイギリス内の手続きは自明ではなかった。最低限不可欠となるのは、議会下院の承認だったであろう。離脱意思の通告に議会の承認が必要だったこと、およびイギリスにおける議会主権に鑑みれば、当然だといえる。

ただし、議会におけるそれまでの議論や、離脱協定の承認に関連するさまざまな投票結果を踏まえる限り、当時の議会が、離脱意思の撤回を過半数で可決することは考えにくかった。そのため、実際には、（一）この問題を争点とした総選挙の結果としての行動、ないし（二）再度の国民投票結果を受けての議決、以外に可能性は存在しなかったであろう。

しかし、いずれにしても、国民投票結果を覆すためには、民主的正当性の観点からやはり再度の国民投票が必要だという主張は広範な支持を得ていたようである。二〇一六年六月の国民投票が本来は「諮問的」なものにすぎなかったことを踏まえれば、その結果を覆すのに再度の国民投票が不可欠になる法的根拠は存在しないが、政治的には十分に説得力のある議論であった。少なくとも、「国民投票で示された民意を無視した」と批判されたい政治家はほとんどいなかった。

†世論は変化したのか

それでは、ブレグジットに関する世論は変化したのだろうか。再度の国民投票の可能性を論じる際には、この問いを避けて通るわけにはいかない。

二〇一六年の国民投票キャンペーンにおける離脱派の主張に種々の嘘や誇張が含まれていたことは、すでに常識である。簡単だとされた離脱のプロセスは困難を極め、EU離脱による経済的損失への理解も広がっている。何よりも、長引く政治の混迷には、離脱派・残留派ともに、国民の多くが失望していた。

それらを踏まえれば、前回の国民投票の判断は間違いだったことに多くの国民が気づき、もし今日離脱か残留かを問われれば残留が多数を占めるはずだと考えるのは理にかなっているようにみえた。

実際、各種世論調査でも、国民投票時点に比べて、離脱派がさらに増大していることを示す調査結果はほとんど存在していなかった。当時、五一・九％対四八・一％で離脱が選択されたことを考えれば、少しでも残留派が増加すれば結果は逆転するという想定が成立した。

ブレグジットに関するオプションの増加により、各種世論調査でも、さまざまな選択肢が用意されることが多く、二者択一にはならないことが多い。例えば二〇一九年四月初旬に行われたYouGovの調査では、望ましい結果として、「再度の国民投票を通じた残留」三七％、「合意なき離脱」二六％、「単一市場・関税同盟」一二％、「現行合意（メイ合

図表7　EU離脱の決定は正しかったか

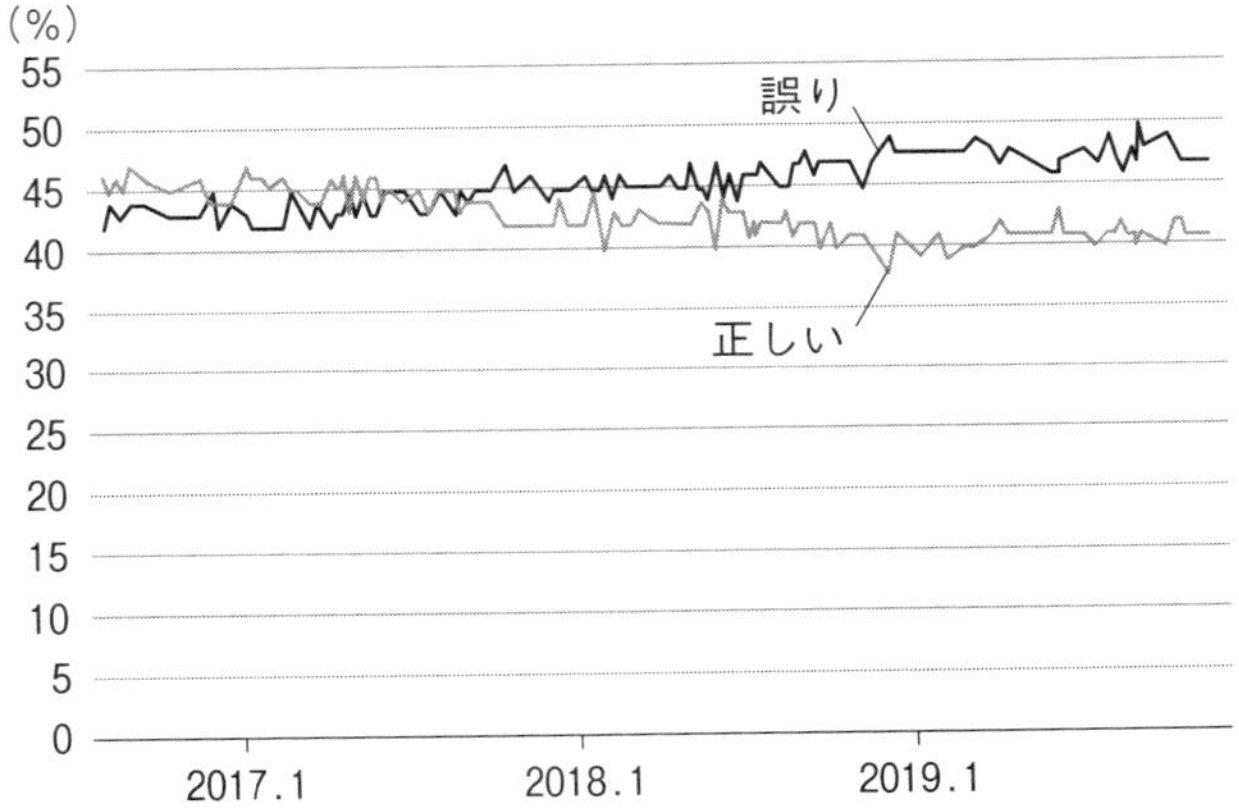

出典：YouGov right/wrong to vote for Brexit tracker

意）受け入れ」一一％、「分からない」一三％となった。[36]三つの離脱オプションの合計は四九％になる。離脱から残留に立場を変更した人がいると同時に、当初は残留支持だったが、国民投票で離脱派が勝利した以上、その結果を受け入れざるを得ないと考える人も一定数存在するといわれた。

YouGovの二〇一九年二月の調査では、離脱の決定を「誤り（wrong）」とする回答が四八％、「正しい（right）」が40％となっている。[37]同じ問いへの回答では、二〇一七年後半以降はほぼ一貫して、「誤り」が上回っているものの、離脱が「正しい」と考える比率も底堅く、四〇％をほとんど割り込まず、また、「誤り」が五〇％を超えることもない（図表7）。

二〇一九年五月二三日の欧州議会選挙の結果に関しては、ファラージ党首率いるブレグジット党が首位に立ったことが注目を集めた。しかし選挙結果全体を見れば、残留派が従来以上に健闘したといえる。自由民主党や緑の党など、EU離脱に反対する（残留を主張する）政党が合計で四〇％以上の得票をしたのに対して、ブレグジット党など離脱派は三五％にとどまったからである。

保守党・労働党はこれらに含まれないが、より離脱支持者が多いと思われる保守党の得票が九・一％にとどまったのに対し、残留派がより多いと思われる労働党は一四・一％と、保守党を上回った。

これらの世論調査や選挙は、しかし、もし国民投票が再度実施された際に——そして、選択肢として「残留」が存在するとした場合に——結果が残留になることを保証するものでは全くなかったのだろう。

そもそも、二〇一六年六月の国民投票に向けても、各種世論調査では、残留派と離脱派は最後まで拮抗しているか、残留派が有利とされていた。世論調査と投票結果のギャップが問題になったのである。

加えて、国民投票が行われる場合には、キャンペーンの顔としてどのような指導者が登場し、いかなるイメージが作られるかに左右される部分が大きいのも、前回投票の教訓である。

つまり、たとえ「残留」が選択肢に含まれる国民投票が実施されたとしても、再び離脱——選択肢としては、「合意に基づく離脱」——が選択される可能性があったことを過小評価すべきではない。議会のみならず、国民も割れていたのである。そもそも経済的な損得勘定からは「非合理的」な結果になったのが前回であり、そうである以上、次こそは「合理的」な結果が出ると確信する根拠もなかったはずだともいえる。

もし二度にわたって離脱が選択されるとすれば、残留派は壊滅的な打撃を受けることになっただろう。

†残留論の幻想

再度の国民投票により残留が選択されれば、ブレグジットというイギリス政治を混迷に陥れた大問題は消えてなくなったのだろうか。残留は万能薬になり得たのか。この点もはっきりさせる必要がある。というのも、「離脱がここまで迷走してしまった以上、残留以外に解決策はない」という声を聞くことが少なくなかったからである。

結論からいえば、残留を決定すればブレグジットにまつわる問題が全て解決すると考えるのは幻想でしかなかったのではないか。どのような過程であれ、残留を決定したところで、ブレグジットはいつまでも付きまとい、イギリスとEUの双方を悩ませ続ける可能性が高かった。それは、影や幽霊といったレベルではなく、可視的・実存的な脅威であり続けただろう。

イギリスの離脱意思が撤回されたところで、何事もなかったかのように、二〇一六年六月二三日以前の状態に戻ると考えるのは現実的ではなかったということである。EUからの離脱など簡単だと喝破した離脱派には反省が求められるが、離脱意思撤回でブレグジット問題から解放されるとの主張も現実離れしていたのではないか。

†残留条件交渉とは何か

従来のイギリスはEUのなかでさまざまな「特例措置」、いわば特権を享受してきた。それには、共通農業政策（CAP）による受け取り分が少ないことが考慮されての予算の一部払い戻し（リベート）や、単一通貨ユーロや欧州基本権憲章などからのオプト・アウト（適用除外）が含まれる。

イギリスが残留する場合に、こうした従来の特権が、どれだけ継続可能であるかは不明であった。先述の二〇一八年一二月の欧州司法裁判所の判断は、イギリスが離脱意思を撤回した場合、権利・義務を含めて加盟国としての地位は不変であるとした。しかし、それはあくまでも法的な議論であった。

そして、特例措置は、ものによって根拠が異なるのである。単一通貨や基本権憲章などに関するオプト・アウトは、EU基本条約との関係において認められているものだが、EU予算のリベートは政治交渉に左右される部分が大きい。そうした特例措置は、他国にとっては「なぜイギリスだけが特別扱いを受けられるのか」という嫉妬の対象になっていた点も忘れてはならない。

残留にあたって、イギリスがこれまで享受してきた特権が部分的にでも剥奪されるのだとすれば、そのような形での残留には反対するという声――「屈辱だ」や、「それなら離脱のほうがマシだ」といった感情論――が国内で沸き起こる可能性があった。このことは、離脱後のイギリスがEUへの再度の加盟を検討するにあたっても障害になる可能性がある。以前に比べて不利な加盟条件になることが見込まれるからである。

離脱にあたって離脱条件を詰める交渉が必要だったように、残留にあたっても残留条件を詰めなければならず、法的に担保されているオプト・アウトには変更がないはずだが、それ以外に関する結果は自明ではなかった。残留条件交渉も一筋縄ではいかなかっただろう。

また、ブレグジットを前にすでに実施に移されてしまった措置もあった。イギリスに所在していたEU機関の移転はなかでも象徴的なものだろう。欧州医薬品庁（EMA）は二〇一九年三月に、欧州銀行監督局（EBA）は同六月にそれぞれロンドンから、アムステルダムとパリに移転した。

これらの移転先は、二〇一七年一一月に決定されていた。これら機関は、医薬品の基準認証や銀行監督という、単一市場の円滑な運営に不可欠な役割を担っており、ブレグジットによる業務の停滞が許されなかった。

そのため、当初の離脱期日である二〇一九年三月末までに移転すべく準備が進められたのである。結果としてブレグジットに先行するかたちになってしまったのは、イギリスのEU離脱自体が延期になったからである。仮にイギリスがEU離脱を撤回した場合でも、これらの本部がイギリスに戻ることは考えられなかった。

†終わらない離脱キャンペーン

ただし、そうした技術的問題に加えて直視せざるを得ないのは、たとえ残留の決定がされ、離脱が撤回されたとしても、イギリス政治の舞台からEU離脱派が消滅する可能性が皆無だったという現実である。

再度の国民投票で仮に残留派が勝利したとしても、前回同様の僅差だったとした場合に、直近の意思が尊重される原則はあるとはいえ、「どちらの五二％」がより高い正当性を有するかは、自明ではない。

その場合、二度目があるのであれば三度目があってもおかしくない、という議論になった可能性が高い。負けたほうが再度の国民投票を求めるというサイクルが発生しかねなかった。選挙のたびに国民投票の実施が焦点になるような状況が続けば、イギリス政治において、他の政策課題に悪影響が及ぶことも避けられなかったであろう。

皮肉なことだが、ブレグジットが実現しない限り、ブレグジットというアジェンダは終わらない。これはイギリスの国内的結束という観点でも深刻である。

「残留支持だったが、国民投票で民意が示された以上、それに従う」という消極的離脱派が増えたといわれる。それは、イギリス的なジェントルマンシップだという説明もあり得るかもしれないが、離脱撤回がもたらし得る茨の道がリアルに感じられていたということでもあった。

†EUにとっての懸念

離脱撤回をしつつ、離脱が常に政治的アジェンダに残り続けるような状況は、EUにとってもほとんど悪夢だっただろう。イギリスが離脱意思を撤回する場合、その時期も重要な要素だった。というのも、第八章で再び触れるように、EUの運営においてイギリスはすでに徐々に関与の度合いを引き下げていたからである。

イギリスとの離脱交渉を議論するような会合にイギリスが参加しないのは当然であり、それをきっかけに、イギリス抜きのEU二七による会合が常態化した。

また、イギリスが参加する二八カ国の常駐代表委員会（COREPER）や政治・安全保障委員会（PSC）にはイギリス代表が出席し続けていたが、発言はEU二七が終わった後、最後に行うのが慣例化しており、その発言にしても誰も聞いていないというのが実態だったようである。たとえ離脱が撤回されても、失われた立場と信頼を取り戻すためには、多大なエネルギーが必要だったはずである。

「離脱に向かう（departing）」加盟国としてイギリスは、EUの政策決定への関与のレベルを低下させ、EU二七の方針に異論を唱えるようなことも控えてきた。そうした状況が続いた後にイギリスが残留を決定した場合、どのような事態になったのだろうか。それまでイギリス抜きで決められた事項に、ことごとく反対論を提起していくのか。全会一致が求められる防衛分野で拒否権を乱発するのか。難題となったであろう。

イギリスが離脱意思を撤回した場合、EUは、将来いつまた離脱に傾くか分からない加盟国を抱え込むことになっていた。EU統合全体、特にEUの結束という観点で深刻な影響を及ぼしたであろう。イギリスの同意しないEUの決定があるたびに「それなら離脱する」という声が聞こえるような状況になれば、運命共同体だと考えられてきたEUが質的に変化しかねなかったともいえる。

†断れない残留?

さらに、離脱意思の撤回があったとしても、それは戦術的な仕切り直しにすぎないかもしれないという疑念も払拭できなかっただろう。

というのも、EU側の定めた時間的制約の下で交渉するのが不利だとイギリスが考えれば、時間稼ぎのために、離脱プロセスをいったん停止したいと考える可能性が否定できなかったからである。

そのためにEUは、時間稼ぎのための戦術的な離脱意思撤回は受け入れられない旨を強調してきたのである。先述二〇一八年一二月の欧州司法裁判所(ECJ)の判断でも、離脱意思の撤回は、「決定的かつ無条件(unequivocal and unconditional)」でなければならないとされていた。この「決定的」という言葉は、戦術的な離脱意思撤回の可能性に釘を刺したものと解釈されている。

しかし、EUとしてこれを法的に阻止する手立てはなく、信義の問題にならざるを得なかった。欧州理事会で議論し、イギリスの戦術的な離脱意思撤回をＥＣＪに提訴するという手続きも、法的にはあり得るものの、法的に解決すべき――ないし法的に解決可能な――問題だったとは思えない。

このように、ＥＵにとっても、イギリスの離脱意思撤回はさまざまな問題を提起し得るものだった。それでも、繰り返しになるが、イギリスが残留を希望した場合にそれを拒否する権限はＥＵにはなかった。しかも、「イギリスのいるＥＵ」と「イギリスの抜けたＥＵ」とでは、前者のほうが、単一市場の価値においても世界のなかでの影響力を考えても、ＥＵの利益になるという客観的状況も変わっていなかった。

†なされなかった残留のコスト分析

以上みてきたように、イギリスがＥＵ離脱意思を撤回し、残留を選択したとしても、残留条件の交渉やさらにその後を含めて難題が山積みであった。離脱撤回・残留という選択肢を視野に入れるからには、残留に関する安易な理想論を乗り越え、残留のリアルな姿、すなわち残留のコストへの理解の拡大と準備が不可欠だったはずである。

しかし、それはほとんどなされなかった。離脱プロセスが進めば進むほど、残留に戻ることのコストが上昇するのは当然だった。最終的な離脱撤回を議論する際は当然のこと、再度の国民投票実施を検討するにあたっても、残留のコスト分析がない限り、離脱との比較も、本来であればできなかったはずである。これを怠った残留派の責任は重かったのではないか。

離脱派にも、「民意の無視」といった感情的反発や警戒を超えて、残留シナリオを精査するなかから問題点を指摘する姿勢が求められたはずである。

第七章

離脱後のEU・イギリス関係の選択肢

新たな離脱協定に合意し、握手を交わすジョンソン英首相とユンカー欧州委員会委員長。

(Abaca/アフロ、2019年10月17日)

二〇一六年六月の国民投票以降のEUとイギリスとの間の交渉は、離脱交渉であり、それは文字通り離脱の条件に関するものだった。離脱後のEU・イギリス関係については、離脱後に交渉することになっていた。

イギリス側は当初、離脱条件は将来どのような関係を構築するかに影響される部分があるために、二つを同時に交渉すべきだという立場だった。それに対してEUは、市民の権利保護、清算金、北アイルランド国境の扱いなどを先に解決することを求めた。この背景には、EU側が重視する問題を優先したいという事情とともに、EU加盟国でいる間はEUとFTA（自由貿易協定）交渉をすることが法的にも不可能だという、EUの原則論的立場も存在した。

交渉の順序について、メイ政権はEU側に押し切られることになった。この点についてイギリス内では、離脱条件と将来の関係をパッケージとして交渉したほうがイギリスにとっては有利だったはずだという議論が根強い。しかし、そもそもEU優位の構図が存在していたことを踏まえれば、メイ政権が交渉順序についてより強く抵抗したとしても、結果が変わっていた可能性は低かっただろう。

離脱後の関係について、これまでにおいては、方向性を示す論点整理のようなものが行われたにすぎない。その結果が、離脱協定と同時に作成された政治宣言（正式名称は「E

U・イギリス関係の将来の枠組みを提示する政治宣言」)である。「提示(setting out)する」という、緩めの用語が使われている事実からも、これが確定的な内容ではないことが理解できる。

そこで本章では、離脱後のEU・イギリス関係について、これまでどのような議論が行われ、いかなる選択肢が存在してきたのか、そしてどのような要因が将来の関係の着地点を決めることになるのかを検討し、そのなかでの「ジョンソン合意」の意味を考えよう。

†「合意なき離脱」が回避されたことの意味

イギリスのEU離脱にあたっては、離脱協定が承認されないままに「合意なき離脱」に陥る危機的状況が繰り返された。その懸念は、離脱自体に関しては回避された格好となったが、仮に「合意なき離脱」になった場合には、将来の関係構築においてどのような問題が発生する可能性があったかについては、改めて振り返っておきたい。

それは、「合意なき離脱」の回避がなぜ必要であったかを理解するために必要であることに加え、後に触れるように、二〇二〇年二月からの移行期間が終了するときに、再び「合意なき離脱(合意なき移行期間終了)」の懸念が存在するからである。「合意なき離脱」を受けたEU・イギリス関係の問題と、「合意なき移行期間終了」時の問題は、細かい点において相違があるが、基本的な構図は類似している。

「合意なき離脱」を積極的に主張していた最強硬派や、「合意なき離脱」止むなしとしていた強硬派を含め、将来的にEUとの通商関係が、一時的にはともあれ中長期的に、WTO（世界貿易機関）の条件のままでよいと考えていた人は、おそらく皆無に近かった。アメリカやオーストラリアとのFTA締結を主張しつつ、EUとはFTAが不要であるという議論は、論理的にも不可能であろう。EUとの間のFTA締結の必要性自体は、コンセンサスだったといってよい。

†「合意なき離脱」からの出発？

手続きのみに着目すれば、離脱協定に基づいて円満に離脱する場合と、「合意なき離脱」との間に、離脱後の関係構築にあたっての法的・制度的な相違はない。FTAに代表される国際協定を締結するのであれば、そこで適用されるのはEU機能条約第二一八条のプロセスであり、EUにとって通常の第三国との協定交渉と同じである。

しかし「合意なき離脱」からの交渉出発には少なくとも三つの実際的な問題が存在した。第一は、「マイナスからのスタート」になってしまうことである。これには、（一）政治的にも感情的にもEU・イギリス間の関係が悪いなかでの出発になるという点と、（二）本来離脱協定で解決されていたはずの問題をまず扱わなければならないために、アジェンダと作業量が増えてしまうという二種類の問題が含まれる。

後者には、EU市民の権利保護、三六三億ユーロ（約四・五兆円）とされる離脱精算金の支払い[38]、そして自由な北アイルランド国境の保証などが含まれる。「合意なき離脱」の場合には、先述のとおり、EU側がこれらを将来のFTA交渉開始のための前提条件にする可能性が高かった。

第二に、「合意なき離脱」の状況下と離脱協定が発効した上での将来関係に関する交渉の最大の相違は、後者の場合は「移行期間（transition period）」の間に交渉を行うものの、前者ではそれが全く存在しないことである。移行期間は、EU離脱による特にイギリスにとっての衝撃を緩和するために導入されるもので、この期間中、イギリスは「ほぼ（事実上）EU加盟国」のような扱いになる。

そうした環境のもとで、いわば落ち着いて交渉を行うことが想定されたのである。「合意なき離脱」になった場合には、物流の混乱など、日々大きな損害が生じるような非常事態ともいえる状況下で交渉が行われることになる懸念があった。

第三に、仮に「合意なき離脱」になり、実際にEUとイギリスとの間で物理的な税関チェックポイントが設置されるようになった場合、それをまた完全に撤廃するハードルが上昇、ないし、撤廃を目指す政治的意思のレベルが低下する懸念がある。関税同盟（ないしそれに準じる合意）の締結は、移行期間中であれば、実態として「現状維持」を意味するが、ひとたび「合意なき離脱」をした後であれば、現状の手続きの大きな変更になってしまう。そのため、最初にいかなる措置を導入できるかが重要だったのである。

†イギリスのレッドラインが規定する将来の可能性

将来のEU・イギリス関係のあり方を規定する要因は何か。それは端的にいって、イギリス側の有する交渉上のレッドライン（絶対的条件）である。というのも、EU側は、そもそもはイギリスがEUに残留することを期待していたし、離脱の場合でも、関税同盟・単一市場に残留する選択肢を受け入れることが十分に可能だからである。

それらを拒否したのはイギリスの側であり、将来の関係はそれに沿ったもの、つまりイギリスが受け入れられる上限値までということになる。この意味で、EU側は必然的に受け身の姿勢になる。

二〇一八年一一月のメイ政権との合意の後、イギリス議会が離脱協定を繰り返し否決するなかで、EU側は、離脱協定本体の修正を否定しつつ、政治宣言の修正には一貫して柔軟姿勢を示した。これも、EUとしては、イギリスとより緊密な関係を構築することに何ら問題がないからである。むしろそれを望んできた。仮にイギリスが関税同盟を求めるのであれば、それはEUにとっても利益であり、拒否する理由はない。

離脱交渉においてメイ政権、およびその後のジョンソン政権が示してきたレッドラインは、「人の自由移動の終了」、「欧州司法裁判所（ECJ）の管轄権の終了」、「EUへの多額の財政拠出の終了」、「自律的な通商政策の実施」、「規制における自律性の確保」などであった。これらの間の優先順位は、時期や文脈によって異なってきたものの、おおむねこれらが想定されてきた。

†「バルニエの階段」

そうしたイギリスのレッドラインに照らすと、将来のEU・イギリス関係にはどのような選択肢が存在するのか。EUの観点で、イギリスの求める条件をある意味機械的に当てはめてみたのが、次の図である（図表8）。これは、二〇一七年一二月に、EUのバルニエ首席交渉官が欧州理事会（EU首脳会合）への説明で使い、「バルニエの階段（Barnier's staircase）」として有名になった。その後も議論は続いているものの、基本的な構図に変化はない。

同図のなかでは、左上から右下に行くに従い、EUとの関係のレベルが低下する。文章

図表 8　EU との関係のモデル（バルニエ首席交渉官の説明）

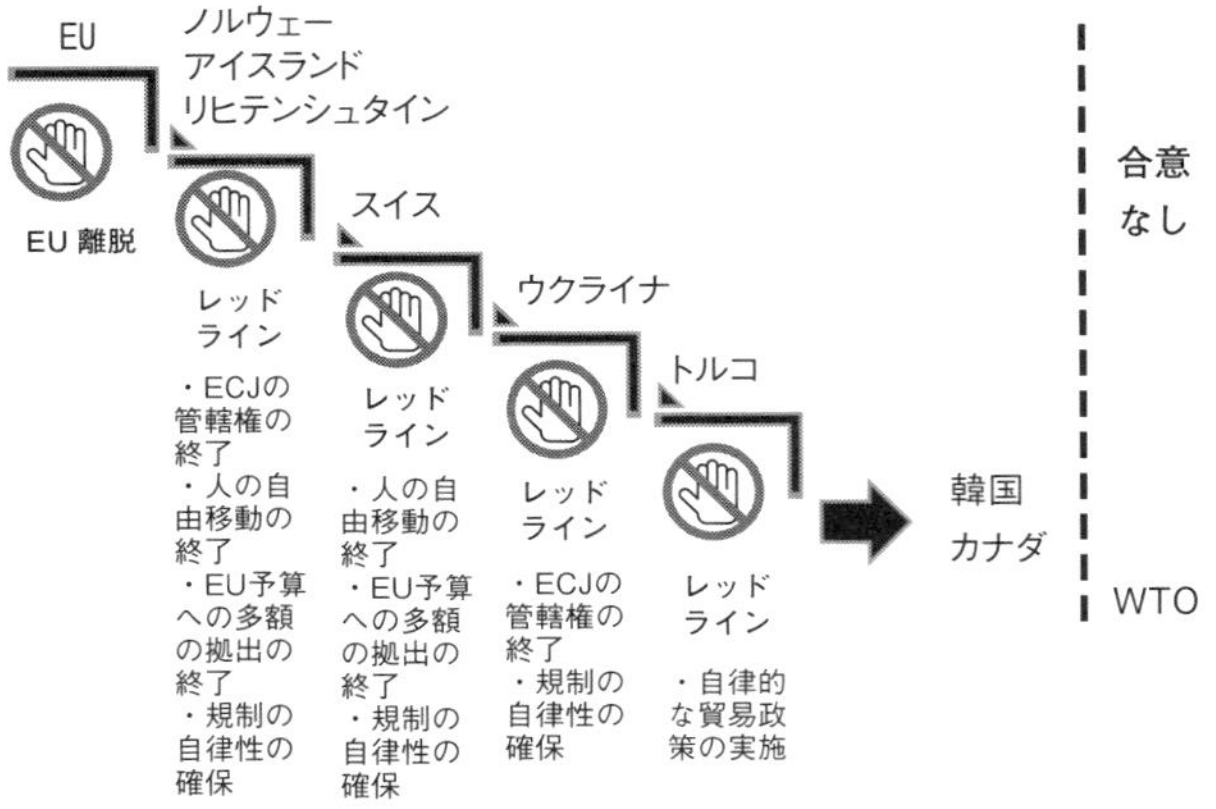

出典："Slide presented by Michel Barnier, European Commission Chief Negotiator, to the Heads of State and Government at the European Council (Article 50) on 15 December 2017," TF50 (2017) 21 – Commission to EU27, Brussels, 19 December 2017.

図表 9　EU と各国との関係の事例

モデル ／ 英国の要求	ノルウェー アイスランド リヒテンシュタイン	スイス	ウクライナ	トルコ	カナダ 韓国
ECJ 管轄権拒否	×	○	×	○	○
人の自由移動拒否	×	×	○	○	○
EU 予算への多額の拠出拒否	×	×	○	○	○
規制における自律性の確保	×	×	×	○	○
自律的な貿易政策の実施	○	○	○	×	○

上記図をもとに筆者作成

で説明すれば、以下のとおりである。

・「EU離脱」が譲れないとすれば、EU加盟国は無理

・「ECJ（欧州司法裁判所）の管轄権の終了」、「人の自由移動の終了」、「EU予算への多額の拠出の終了」、「規制の自律性の確保」が譲れないとすれば、ノルウェー、アイスランド、リヒテンシュタインといったEEA（欧州経済地域）加盟国モデルも無理

・「人の自由移動の終了」、「EU予算への多額の拠出の終了」、「規制の自律性の確保」が譲れなければ、スイスとのような関係も無理

・「ECJの管轄権の終了」と「規制の自律性の確保」が譲れないとすればウクライナとのような関係も無理

・「自律的な貿易政策の実施」が譲れないとすればトルコとのような関係も無理[39]

・その場合、カナダや韓国とのようなFTA関係に落ち着かざるを得ない。ただし、FTAが締結されるまでは「合意なし（no deal）」でWTO条件になる

ノルウェーやスイス、カナダといったモデルは、実現可能性や望ましさの度合いはともあれ、これまでにも常に言及されてきたものの、ウクライナや韓国までもが示されたこと

は、ＥＵとイギリスの双方にとって衝撃的だったと思われる。バルニエとしては、あえて刺激的に示すことで、ＥＵとの緊密な関係の維持という「ソフト離脱」の方向性を導こうとしたとも、また、イギリスの掲げる非現実的な要求に嫌気がさして突き放そうとしたともいえる。

バルニエがこの図を示した段階では日・ＥＵ間のＥＰＡ（経済連携協定）が未締結だったが、現在では、ＥＵとのＦＴＡないしＥＰＡ締結国という、韓国やカナダと同じグループに日本も入っている。とすれば、イギリスがＥＵとＦＴＡを締結できない限り、ＥＵ・イギリス関係は（地理的な近さを別とすれば）、日・ＥＵ関係以下という整理になる。これはイギリスに進出している日本企業にとっても衝撃的なことである。

なおイギリス政府は、自国の規模や重要性・特殊性に鑑み、ＥＵが他の第三国と有する関係のモデルに縛られることなく、「あつらえの（bespoke）」合意を目指すべきだと主張してきた。イギリスはノルウェーやスイスの枠に収まらないという主張は、政治的にはその通りであろう。これは、イギリスによる例外措置の要求でもある。実際、離脱後の交渉においては、「あつらえの」合意が交渉されることになるのだろうが、それでも、イギリスの要求が何でも通るわけではない。

†市場アクセスと義務・コストの天秤

既存のモデルの適用にしても、「あつらえの」合意にしても、基本的な論点は変わらない。EUとどのような関係を構築するかに関するイギリスの選択は、EU単一市場へのアクセスと、それにともなう義務やコストを天秤にかけ、どこに受け入れ可能な均衡点を見いだすかに尽きる。

単一市場への（事実上の）残留など、EU市場へのアクセスを最大限に求めるのであれば、人の自由移動やEU予算への（多額の）拠出などが必要になる。他方で、レッドラインを貫徹しようとすれば、単一市場へのアクセスは、それ相応に制限されたものになる。こうした構図は、離脱交渉を何年も行ってはじめて気がついたものではなく、国民投票前の二〇一六年三月に当時のイギリス政府が発表した『加盟以外の諸選択肢』報告書の段階からすでに明確に示されていた。五〇ページあまりの同報告書は、以下のように結ばれていた。

EU離脱を決定した後にイギリスがどのような選択肢を求めたとしても、我々に直接的な影響を及ぼし続けるEUの決定に対する影響力を失う。我々は、EU市場および

（EUがすでに締結したFTAによって確保されている）グローバル市場へのアクセスと、その見返りとして生じる義務やコストを天秤にかける必要がある。EUの域外でのいかなるモデルにしても、今日のイギリスがEU内で獲得している特別な地位に近い利益と影響力をもたらすことはできないというのがイギリス政府の評価である。[40]

もちろん、これは当時のキャメロン政権によるEU残留キャンペーンの一環であり、その意味で、政治的に中立とは言い切れない部分がある。しかし、評価の結論自体は、逃げられない現実であり、これは離脱交渉が進むなかで一層明確にされた。離脱決定後に露呈したのは、こうした幅のある選択肢のなかから何を選択するかについてのイギリス国内でのコンセンサス形成の困難さであった。

†「手段」としての安全策撤回

そうしたなかで、二〇一九年一〇月にジョンソン政権がEUとの間で妥結にいたったいわゆる「ジョンソン合意」は、本書第五章ですでにみた、北アイルランド国境問題の解決策としての側面が注目されたが、同時に将来のEU・イギリス関係の方向性を示すものとなった。

本章の観点で端的にいえば、メイ政権による従来の合意、すなわち「メイ合意」と「ジョンソン合意」の最大の違いは、北アイルランドに関連する安全策の有無ではなく、より本質的には、離脱後のEUとイギリスとの関係の方向性であった。「ジョンソン合意」は、より浅く、距離のあるEU・イギリス関係を想定したものである。

ここで重点が置かれたのは、イギリス本土をEU関税同盟から確実に離脱させることだった。別のいい方をすれば、北アイルランドのイギリス本土からの事実上の切り離しは、ジョンソン政権の考えるブレグジット後のEUとの関係からの逆算の結果として、それを実現する「手段」として選択されたものだった。

†北アイルランドをEUに差し出したジョンソン

誤解を恐れずにいえば、ジョンソンにとっては、北アイルランドの将来よりも、離脱後にイギリスがEUに縛られずに各種規制を行うこと、および世界中で自由にFTAを締結できることのほうが重要だった。それを実現するためには、イギリス全土に影響の及ぶ安全策を撤廃する必要があった。

あくまでも、イギリスとしての自由の確保が「主」であり、北アイルランドの扱いは「従」であった。北アイルランドに足を引っ張られたくなかったのであり、第四章で触れた「イングランド・ナショナリズム」の表れでもあった。

メイ政権によるイギリス全土を対象とする安全策は、いってみれば、北アイルランドの自由な国境を確保するために、イギリス本土をEU関税同盟に差し出すという決定だった。ジョンソン政権の発想は完全にその逆である。イギリス本土の自由を確保するために、北アイルランドをEUに差し出したのである。離脱協定の文言については、「メイ合意」と「ジョンソン合意」の九〇％以上が同一だと指摘されるが、基本的アプローチに大きな差異が見いだせる。

いわゆる「ソフト離脱」派は、北アイルランド国境問題への対応を通じ（それを口実に）、結果としてイギリス全土がEUの関税同盟や単一市場に強く結びつけられた状態になることを狙っていた側面がある。しかし、そうした希望はジョンソンによって完全に打ち砕かれることになったのである。

「ジョンソン合意」は、「北アイルランドのために」安全策を撤廃するのではなく、また安全策撤廃自体が目的だったのでもなく、離脱後のイギリスの規制と貿易政策の自律性確保を求めたのである。この点は繰り返し強調される必要があろう。

この観点で大きな関心の一つはアメリカとのFTAだが、インドや中国、日本との関係も常に視野に入っている。「メイ合意」では、安全策としてイギリス全土がEU関税同盟にとどまる可能性が存在した。そうした、イギリス全土がEUの関税同盟から「抜けられない」状態が続く場合、その間、アメリカなどとの包括的なFTAを締結することは不可能になったはずである。この点については、「グローバル・ブリテン」の文脈で、第八章で改めて検討する。

†「ジョンソン合意」の想定するEU・イギリス関係

ジョンソン政権下での離脱合意は、二〇一九年一〇月に、文字通り急転直下で妥結にいたったが、再交渉の過程におけるイギリスの基本的姿勢、そしてメイ政権との顕著な相違を示したのは、ジョンソン首相がユンカー欧州委員会委員長に送った同一〇月二日付の書簡だった。

そのなかでジョンソンは、メイ政権による安全策は、関税や規制に関してイギリスがEUとの緊密な統合を維持していくという前提に立ち、そのための橋渡しとして考えられたものであったとしたうえで、「そうした将来の関係は現在のイギリス政府の目標ではない」と明確に述べた。そして、「将来の関係は自由貿易協定に基づくものであるべきで、規制や貿易政策に関してイギリスは主権を行使することになる」と述べ、そうである以上、安全策という現行の橋はどこにもつながらず、「新たな道を見つけなければならない」と訴えた。[41]

この基本方針に沿って、離脱協定の北アイルランドに関する規定が大幅に変更された他、主として将来の関係に関する政治宣言の文言が修正された。例えば、二〇一八年一一月にメイ政権下で合意された政治宣言では、物の貿易に関して、「可能な限り緊密な（as close as possible）」関係の構築が謳われていた（第二〇パラグラフ）。[42]しかしジョンソン政権下の二〇一九年一〇月の政治宣言では、その部分が「自由貿易協定に基づく」と修正された（第一九パラグラフ）。[43]

また、（物品）規制に関しても、「関連する領域においてイギリスがEUの規制に揃える（aligning）ことを検討する」とした二〇一八年一一月の文言（第二五パラグラフ）は、新たな合意では削除された。これは、環境基準や労働規制、競争政策などに関して「対等な競争条件（level playing field）」を維持するための重要なコミットメントであり、従来の政治宣言では強く打ち出されていたが、新たな政治宣言では、文言や位置づけが大きく後退した。

そのため労働党などのリベラル派は、特に雇用や環境に関して、イギリス内の規制の水準が低下することへの懸念を表明している。さらには、それこそがジョンソン政権の狙いだったという批判もある。

†EU・イギリス関係の将来像

ジョンソン政権が目指すのは、FTAに基づく野心的な通商関係だといいながら、実際にはかなり簡素なFTAなのだろう。従来、EUとカナダとのFTAであるCETA（包括的経済貿易協定）が一つのモデルになるという指摘が頻繁に聞かれたが、それ以下、つまり対象範囲のより狭い協定が想定されている可能性が高い。

ただし、FTAが締結されても、将来のEUとイギリスとの間で、実際にどのような経済関係が形成されるかは不明な点も多い。というのも、FTAを使用するかしないかは事業者次第だからである。FTA利用につきものの原産地規則に基づく証明を取得するコストは、特に中小企業にとっては決して小さくない。そのため、既存のFTAにしても使用率が低迷することがある。関税を納める分よりも、FTAの恩恵を受けるための手続きにかかる費用のほうが高くなるケースは珍しくない。

他方で、イギリスがEUの各種規制に縛られないという原則的立場は、そのまま、イギリスがEUと異なる規制を制定していくことを意味するわけではない。EUの規制のなかには、イギリスとして早期に変更したいものもあれば、現行のままで問題のないものも少なくないからである。

変更を要する規制とそのままでよい規制の峻別がまずは大きな作業になる。変更を望む規制が多いために、EUの規制から自由になる必要があるというのが、本来の議論の順序だろう。二〇一四年に実施されたEUの権能に関するレビュー（EU Balance of Competences Review）は、まさにその作業だったが、変更を要する規制が具体的に特定されたわけではない。

実際、EU離脱にともなうイギリス国内の法的措置の基本的原則は、既存のEU規則（EU法）をまずは全てイギリス国内法に置き換え、その後、必要に応じて修正していくというものである。そのため、離脱（移行期間終了）直後に、一夜にして、イギリスの各種規制がEUと異なるものになるわけではない。

加えて、EU離脱後のイギリス国内の規制体系については、実施態勢を含め再構築される必要があるが、例えば工業製品の安全基準などの具体的内容は、法律による規定ではなく、政府の承認を受けた独立機関が定めているケースも少なくない。その場合、そうした機関がEU規制を選択し続けることも十分に考えられる。

イギリス企業にとっても、EU市場でビジネスをする以上、複数の基準に適合させる（および認証を得る）のはコストがかかるからである。これらについては、政治的言説にとらわれず、離脱後の市場の実態を見極める必要がある。

いずれにしても、離脱後のEUとの関係がより浅く遠くなるということであれば、当然のことながら、経済的にはイギリスにとってマイナスが大きくなる。「ジョンソン合意」の経済効果については、すでにさまざまな試算がなされているが、いずれも、「合意なき離脱」に比べればよいものの、「メイ合意」よりは、例えばGDP（国内総生産）の値でのマイナス幅が大きくなるという結果になっている。[44] 経済界にとっては看過できない問題であると同時に、それは雇用にも影響する可能性があり、労働党なども追及を強めている。

†移行期間を見据えて

必ずしも野心的とはいえないEUとのFTAを模索する姿勢は、移行期間との関係でもジョンソン政権の基本的立場に合致している。というのも、離脱と同時に始まる移行期間は、当初から二〇二〇年一二月末までとされており、離脱が延期されたものの、移行期間の終了時期は変更されなかった。当初の離脱予定の二〇一九年三月末から起算すれば一年九カ月が確保されていたものの、離脱が二〇二〇年一月末の場合は、一一カ月のみの移行期間になる。

この間に、例えばFTAなど、離脱後の新たなEU・イギリス関係に関する交渉を行い、さらに批准を終え発効にまで持ち込むのは、普通に考えれば現実的ではない。

物の貿易に限定されるような協定であれば、EUの排他的権能に収まる——EUが加盟国にかわって権限を有しているため、対外的交渉もEU（欧州委員会）が加盟国を代表して行い、承認もEUレベルで完結する——ために、加盟国議会の批准は必要にならず、迅速な手続きが期待できる。

他方、イギリスが関心を有するサービス分野や、EU側が強く求めることが予想される「対等な競争条件」を確保するための規制に関する各種規定が盛り込まれる場合は、「混合協定（mixed agreement）」という種類の協定になり、EU側では欧州議会に加えて、全加盟国での批准手続きが必要になる。

批准手続きだけで数年かかることも珍しくない。最終的な批准の完了を待たずに、物の貿易の部分などを暫定適用することも可能だが、そもそも多分野におよぶ協定の交渉には時間を要するため、移行期間の延長が課題となる。

移行期間中のイギリスは、加盟国ではないため、EUの各種会合に出席できなくなり、当然のことながら閣僚理事会などでの投票権も失う。しかし、「事実上の加盟国」として、EUの各種規制には従う義務があり、EU予算への拠出金も基本的に従来どおりの扱いになる。単一市場の恩恵を受け続ける以上、その「参加費」を払い続ける必要があるのである。しかし、発言権・選挙権は欠きつつ徴税のみされ続けるような状況は、イギリスにとって心地よいものではない。

そうした状況をさらに延長することに対して、イギリス内で政治的に反発が生じるのは想像に難くない。国民の間では、「EUから離脱したと思ったら、まだ抜けていなかったのか」ということになりかねない。ジョンソン首相の保守党は、二〇一九年一二月の選挙に向けたマニフェストのなかで、移行期間の延長はしないと公約した。[45]

離脱協定は第一三二条において、EU・イギリスの合同委員会が二〇二〇年七月一日までに、移行期間延長の決定をすることができると規定している。ただし、この決定は一回限りで、一年か二年と限定されている。つまり、延期したとしても移行期間は、二〇二一年末か二〇二二年末までということになる。

なお、移行期間が二〇二〇年末までとされた背景には、EU予算の大枠を定める七年毎の現行の多年次財政枠組み（MFF）が二〇二〇年末までであり、新たなMFFが二〇二一年から適用されるという事情があった。次期MFFをめぐる交渉はすでに本格化しているが、イギリスの抜けた穴をどうするのかは激しい争点になっており、移行期間がいつまで継続するかは、EU側への影響も大きい。

†移行期間終了時の「合意なき離脱」？

そこで問題となるのは、移行期間終了時の「合意なき離脱（合意なき移行期間終了）」である。移行期間終了時の「合意なき離脱」――それまでにＦＴＡなど、移行期間後の関係の枠組みが整っていない場合――のインパクトは、ＥＵ離脱の際の「合意なき離脱」と本質的に変わりない。

それまでにＦＴＡが間に合わない場合は、以前から指摘されているとおり、ＥＵ・イギリス間の貿易は、一夜にしてＷＴＯ条件に変化する。まさに一難去ってまた一難である。二〇一九年三月ないし一〇月の「合意なき離脱」に備え、イギリス政府はイスラエルやスイス、ノルウェーなどとの間で、貿易継続協定を締結していた。これは、「合意なき離脱」の場合でもＥＵとそれら諸国との関係に準じた貿易関係を維持することが目的であった。[46]移行期間終了時の「合意なき離脱」の際には、これらが使われるのだろう。

「ジョンソン合意」によって、離脱後のＥＵ・イギリス関係の選択肢の幅は、かなり狭められた。しかし、政治宣言は法的拘束力を有しない、文字通りの政治宣言である。ジョンソン政権、ないし別の政権が、そこで想定されているよりも野心的な関係をＥＵと築くことを求めるのであれば、それをＥＵが断る可能性は低いだろう。そのため、より統合度合いの高い関係にいたる可能性も完全には排除できない。経済的利益を重視するのであれば、EUとのより緊密な関係構築が求められる。実際、経済界などからのそうした声は、今後、離脱を受けて国内の景気が減速するような局面では、無視できない力になる可能性がある。

それでも、ジョンソン政権が、EUとの間でのより浅く遠い関係の構築を求めた事実には変わりなく、たとえ再び政権交代があったとしても、ブレグジット後のEU・イギリス関係に関してはそれが議論の出発点となる。

†FTA交渉のシナリオ

EU・イギリス間のFTA交渉は、離脱交渉同様にEU側主導の展開になる可能性が高いものの、EU側にも課題と懸念がある。EU加盟国の結束の維持が今後はより困難になると予想されるからである。

EUと第三国とのFTA交渉では、加盟国間で優先順位の相違が露呈することもしばしばである。また、FTAの範囲を絞って短期間に妥結することを目指すのか、必要なものを十分に盛り込むことを優先するのかなどの基本的方針をめぐっても、EU内にコンセンサスが存在するようにはみえない。

そうしたなかで、シナリオとして考えられるのは、(一)二〇二〇年末の「FTAなき離脱（合意なき移行期間終了）」、（二）二〇二〇年末までに、物の貿易を中心とする最小限のＦＴＡ（「痩せこけたＦＴＡ〔skinny FTA〕」などと呼ばれる）を署名・発効（その場合、これに盛り込まれなかった分野については次の段階での交渉になる）、（三）移行期間の延長（移行期間終了の延期）である。

（一）に関しては、「ゼロ関税」「ゼロ数量制限」が当面の目標となるが、ＥＵ側は「ゼロ・ダンピング」も求めている。また、漁業権に関する交渉も避けて通れないといわれる。

先述（三）に関して保守党は、二〇一九年一二月の総選挙マニフェストで、移行期間の延期を否定した。この背景には、保守党内の離脱強硬派の存在があったとみられるが、今回保守党は過半数を大きく上回る議席を獲得しており、ジョンソンがその気になれば、党内の強硬派を抑える力を持ったともいえるし、たとえ一定数の造反が出たとしても内閣の決定を通せる可能性が高いとの側面もある。少なくとも、強硬派に手足を縛られることはないはずである。

しかし、ジョンソン政権は、選挙後の議会に提出した新たな「離脱協定法案（Withdrawal Agreement Bill）」において、移行期間の延長を禁止する条項を挿入した。強硬姿勢が前面に出た格好である。基本的には、党内強硬派に対するメッセージだとみられるが、「退路を断つ」姿勢を示すことでＥＵとの交渉を有利に進めたいという狙いも指摘できる。

他方、ＥＵ側では、もしイギリスが移行期間の延期を持ち出さないのであれば、ＥＵのほうからそれを提案すべきであるとの声も出ている[47]。離脱国が要請する必要のあった離脱期日の延期とは異なり、移行期間の延長は、ＥＵと英国で構成される合同委員会による決定であるため、制度上、ＥＵ側が提案することも想定されているのだろう。

二〇二〇年二月以降の争点は、まずはＦＴＡ交渉の中身になるが、移行期間延長の決定の期日が同年七月一日であることに鑑みれば、最初から時計をにらみながらの交渉になる。移行期間延長をめぐる駆け引きは、離脱前から始まっていたのである。

†安全保障協力継続の模索

本章では、離脱後のＥＵ・イギリス関係の焦点としてＦＴＡ交渉に注目してきたが、経済・貿易関係が全てではない。ＥＵは安全保障・防衛協力の場でもあるからである。実際、ブレグジット後にいかにＥＵとイギリスとの間の安全保障協力を維持できるかは大きな課題である。

例えばテロ対策や、それに関連したＥＵ内でのインテリジェンス共有において、イギリスが果たしてきた役割は極めて大きかったとみられている。そのため、この協力関係の維持は、ＥＵにとっても不可欠なものであり、重要性についてのコンセンサスは強固に存在している。問題は、テロ対策や警察・インテリジェンス協力を含む司法・内務、さらには安全保障・防衛分野のEU内の協力枠組みに、非加盟国であるイギリスをどこまで参画させられるかである。

EU内には、イギリスを特別扱いしすぎた場合、トルコなど他のEU非加盟国が同様の扱いを求めてくることへの懸念があると伝えられている。その場合は、イギリスが「旧加盟国」であることを根拠に、何らかの特別待遇を模索するということになるのではないか。EUとイギリスの双方に、プラグマティックな対応が求められている。

イギリスとしては、経済・貿易分野では厳しい交渉が予測されるなかで、比較優位を有する安全保障分野で協力姿勢を見せることが、EUとの全体的な関係構築において有効だという側面もあるだろう。

ただし、安全保障分野でイギリスが一方的に「提供する側（security provider）」であると考えるべきでもない。というのも、イギリスとEUとの間の安全保障協力が停滞することで、もしEU諸国の安全保障が損なわれるとすれば、その悪影響はイギリス自身にも及ぶ可能性が十分に存在するからである。

†ウィン・ウィンの安全保障協力

通常、安全保障の世界はゼロサムの側面が強いが、経済においてはウィン・ウィンが（より）可能だとされる。しかし、ブレグジット後のEU・イギリス関係を考える限り、安全保障のほうがウィン・ウィンの関係だと認識されやすい構図である。一方の安全保障の犠牲のうえに、他方の安全保障が確保されることが考えにくいからである。

それに対して経済面では、企業立地に代表されるように、EUとイギリスの間で競争になる場面がより想定されやすいといえるかもしれない。安全保障協力に関する交渉のほうがスムーズに進むと考えられている所以でもある。

なお、ブレグジットによるNATO（北大西洋条約機構）への直接的影響は限定的なものになるとみられる。それどころか、今日のイギリスのNATOに対するコミットメントは拡大基調にある。メイ首相も、「EUからは離脱するが、ヨーロッパから離脱するわけではない」と繰り返していた。

NATOにはアメリカ、カナダ以外にも、ノルウェーやアイスランドなどEU非加盟国が存在し、EUの外に位置することがNATO内での役割を制約するわけではない。

第八章

イギリスなきEU、EUなきイギリスの行方

フランス・ビアリッツで開催されたG7首脳会合にて。(AP／アフロ、2019年8月25日)

イギリスのEU離脱が現実のものとなるなかで、EUの側でも、徐々にブレグジット後の態勢づくりに向けた準備が進められてきた。イギリスとの離脱交渉自体、EU二七の将来を賭けた真剣勝負の場であった。

イギリスの離脱は、単に二八カ国のなかの一つが抜ける以上のさまざまな意味を有している。ブレグジット後のEUがどのような変化を遂げるのか、あるいはどのような変化がすでに起きているのかは、日本のような域外国にとっても重大な関心事であろう。EU二七における内部の政治バランスや政策連合形成の動向を読み解くことが、これまで以上に重要になる。

同様に、ブレグジット後のイギリスの変化も大きなものになる。離脱派のイギリス人の多くが考えていた以上に、国際関係におけるイギリスの影響力はEUに助けられていたからである。

ブレグジットによってEUもイギリスも、文字どおりの地殻変動を経験することになる。順にみていくことにしよう。

†イギリスの「フェーズアウト」

二〇二〇年一月末までのイギリスはEUの完全な加盟国であった。当然のことながら、

ＥＵ加盟国としての権利も義務も従来どおりだった。しかし、実際には離脱前から、さまざまな変化が始まっていた。その最大のものは、ＥＵにおけるイギリスの「フェーズアウト」（段階的消滅）と、ＥＵの「イギリスはずし」である。

まず、イギリスはＥＵのさまざまな政策決定において、自らの選好を通そうという意思をほとんど失うことになった。何らかの決定に関して影響力を行使するためには、政治的・外交的リソースの投入が必要になる以上、おそらくそれは割に合わない。いま決定された政策が実施されるのは、離脱後になる可能性がすでに高いという計算だったのだろう。

加えて、たとえイギリスが声を上げようとも、その影響力はすでに大きく減退していたという現実もある。近く離脱する国の主張は、誰も聞かない。これも当然のことである。そして、影響力が低下してしまったために、影響力を行使できないし、しようとも試みないという状況になっていた。

イギリスのフェーズアウトの実例としては、例えば下記が指摘できる。

第一に、二〇一九年五月の欧州議会議員選挙の際、メイ首相の下の与党保守党は実質的な選挙運動をほとんど行わなかった。同年三月末にすでに離脱しているはずが、五月まで加盟国であったために、選挙に参加せざるを得なかった。それでも、国民投票から三年が経とうとするなかで、いまだに欧州議会選挙に参加していること自体が、保守党としては失敗であったし、ブレグジットが迷走するなかで、選挙運動にエネルギーを費やす状況ではなかったことは想像に難くない。

第二にジョンソン政権は、二〇一九年九月一日から、閣僚理事会を含むEUの各種会合への出席を取りやめる措置をとった。政府は、イギリスの重大な国益に関係する会合以外には出席せず、その資源を将来のEUや他国との関係の構築に振り分けると説明した。[48] しかし、この措置は、実務上の要請に基づくものというよりは、政治的なゼスチャーであったと思われる。

第三に、二〇一九年一二月に発足した新たな欧州委員会に、イギリスは自国出身の欧州委員を指名しなかった。そのため、ウルズラ・フォン・デア・ライエン委員長率いる欧州委員会は、イギリス出身の委員を欠いたまま発足することになった。

これに対してEU側からは、EU法に基づく加盟国の義務の不履行だとして、イギリスに対する法的な措置が一時的に検討された。欧州委員の指名は、各国政府にとっては絶対に手放したくない特権であり、これを拒否する加盟国が登場することは、おそらく想定されていなかったが、これは権利であるとともに、加盟国の義務だという解釈だった。

イギリスが離脱前からフェーズアウトしていた政策分野としては、防衛協力が顕著であった。二〇一六年六月のイギリスでの国民投票後に、EUでは防衛協力を進める機運が高まり、従来はイギリスの反対もあり実現していなかった「常設構造化協力（PESCO：Permanent Structured Cooperation）」が発足した。

イギリスは、PESCOのプロジェクトへの参加こそしていないが、この枠組みが利用されること自体への反対は見送った。また、国民投票の数日後に発表された「EUグローバル戦略」は、基本的な内容はイギリスを含めて事前に作成されたままに維持されたものの、イギリス離脱の方向を受け、防衛協力の箇所については文言がわずかながら強められたようである。[49]

†EUの「イギリスはずし」

加えてEUでは「イギリスはずし」が離脱の実現を前に進行中だった。直接のきっかけは、イギリスとの離脱交渉に関するEU側の調整の必要性だった。イギリスに対するEUの交渉ポジションを定める議論にイギリスを参加させないのは当然であろう。

イギリスの国民投票以降、首脳レベルから事務レベルまで、無数の会合がイギリス抜き、つまりEU二七のフォーマットで開かれることになった。EUの首脳会合である欧州理事会の際には、英首相が参加しない――呼ばれない――会合がほぼ毎回開かれていた。それらの一部はイギリスとの離脱交渉が議題とされていたが、単一通貨ユーロの制度改革や移民政策など、離脱交渉以外をテーマとしたＥＵ二七による会合も増加していた。

こうした「イギリスはずし」は、ＥＵ側の悪意に基づくものとはいえなかった。他国にとっても、何らかの政策論争において、イギリスの支持を取り付けるために同国を取り込もうという動機がほとんど消滅していたからである。これは、イギリスが好きか嫌いかという問題とは異なる。実際のブレグジットに先立ち、ＥＵ二七というフォーマットが、公式にも非公式にも、ＥＵの日常の光景の一部になりつつあった。

†「イギリス・ロス」

ＥＵにおけるイギリスが、さまざまな重要な場面で反対の声を挙げる「厄介なパートナー」[50]だったという側面は否定できないものの、常に嫌われ者だったわけではない。これも重要な点である。

それどころか、ＥＵ内には、イギリスの陰に隠れて同国を頼りにしていた諸国が少なからず存在していた。超国家的な統合より主権国家を基礎としたより緩やかな連合、政治統合よりも経済統合というイギリス的な立場に親近感を有する諸国は少なくなかった。そうした諸国にとってイギリスは、いわば体を張ってＥＵ統合の過度な進展を押しとどめようとしてくれる、頼もしい存在だった。

具体的な政策面においても、例えば外交安全保障における米欧協力・NATO（北大西洋条約機構）重視や自由貿易推進などに関して、オランダやデンマークは、最も強固なイギリス支持者だった。対抗勢力の筆頭はフランスである。

域内市場改革や経済の効率化、規制改革、EU予算の肥大化の阻止などでは、ドイツとイギリスの立場が一致することもしばしばだった。また、EUの意思決定における立場（投票行動）という観点で、イギリスとの近似性が最も高かったのはスウェーデンである。[51]これは一九九五年の同国のEU加盟以来の一貫した傾向だった。[52]ブレグジットにともなうEU内での自由貿易派の退潮は、日本などの域外国にとっても懸念事項である。

デンマークのある国会議員は、「我々の最重要のパートナーはイギリスだった。今後は仏独のなかに一人取り残されてしまう。それは誰にとってもひどい状況だ[53]」と述べている。ここまで直截的な表現をしなくとも、「ブリュッセルや独仏にモノをいう兄貴分」としてのイギリスを懐かしむような感情が、欧州の一部で共有されていることは否定できない。いわば、EU内の「イギリス・ロス」である。

†大国の影響力増大と各国の対応

イギリスの離脱後に目を向けたときにEUが直面するのは、EU内部のパワーバランスの変化である。その主たる結果は、大国の影響力増大であり、先のデンマーク議員の発言にもあるように、ドイツの影響力増大が焦点の一つとなる。

従来のEUでは、ドイツ、フランス、イギリス（そしてイタリア）が主要大国として一定の均衡を維持していたが、そこから一国が抜けるのである。そうである以上、ドイツにその意図がなかったとしても、同国の影響力が増大することは避けられない。

もちろん、これが直線的に進むかは不透明である。後述のとおり、ドイツや独仏協力が主導するヨーロッパ統合への反発や警戒感は根強いからである。しかし、主要大国の一つが抜ければ、他の大国の相対的地位が上昇すること自体は否定し得ない。

ブレグジットに伴うEU内のパワーバランスの変化に関しては、さまざまな計算方法があるが、例えばEUにおける政策決定の中核であるEU理事会（閣僚理事会）については、いずれも、ドイツ、フランス、イタリア、スペイン、ポーランドなどの影響力が増大するという試算結果になっている。[54]

EU政治の実態は、加盟国間のさまざまな連合形成とその間の駆け引き、そして多数派工作である。これが、事務レベルから首脳レベルまでさまざまな段階で日常的に行われている。そうしたなかで特に中小国は、新たな政策連合形成のための模索を始めている。

注目されるものの一つは、「ハンザ同盟二・〇（新ハンザ同盟）」と呼ばれる、北欧（デンマーク、フィンランド、スウェーデン）、バルト（エストニア、ラトヴィア、リトアニア）、オランダ、アイルランドの計八カ国の中小国の動きである。八カ国は二〇一七年後半から連携を強めており、二〇一八年三月には、非公式の財務相会合を開催し共同声明を発表した。[55]

同声明には、例えば、EMU（経済通貨同盟：単一通貨ユーロ圏）の将来は全ての加盟国に影響するために、（ユーロ参加国のみならず）全ての参加国で議論すべきだという指摘がある。これは、スウェーデンとデンマークがユーロ不参加国の権利を守る観点で譲れない点である。八カ国はまた、「EMUのさらなる深化にあたっては、ヨーロッパレベルへのさらなる大規模な権限の移譲ではなく、真の付加価値を強調すべきである」と主張し、さらに、EMU改革にあたっては、単一市場の完成や自由貿易の追求が欠かせないとも述べている。

こうした動きは、ブレグジットを見据えたものであると同時に、フランス（マクロン政権）がEUのアジェンダを主導しようとしていることへの対応でもあるという。そうしたなかで「中小国の声が無視されないようにする」のが狙いなのである。[56]

財政規律の維持や、自由貿易の堅持といった原則部分に関する限り、ドイツはその有力な擁護者である。この点に疑問はないが、EMU改革を含めた独仏協力がトップダウンの政治主導によって進展する場合に、ドイツがフランスに引きずられてしまうことへの疑念がある。先述の財務相共同声明が懸念するのもまさにこの点であった。「ハンザ同盟二・〇」という呼称が今後も使われるかは不透明であるし、参加する国も固定的なものではないだろう。しかし、ブレグジット後のEUにおいて、中小国がいかに利益を守れるかは重要な課題であり、特に、イギリスと近い立場にあった諸国にしてみれば、懸念が増大しているということなのである。

†ユーロ圏の影響力増大へ

イギリスのEU離脱の意図しない効果の最大のものは、おそらく、EUにおけるユーロ圏の影響力増大の方向性であろう。先述「ハンザ同盟二・〇」においても、ユーロ非参加国の権利擁護が重要な論点だった。

これまでは、イギリスがEU内で最大のユーロ非参加国だった。そしてそのイギリスはヨーロッパ最大の金融センターであるロンドンを擁しており、金融機関の規制にしても、銀行同盟にしても、イギリスを抜きに、さらには同国の強い反対を押し切ってユーロ圏のみで議論し、決定してしまうことは容易ではなかった。やはりイギリスは無視できない重みを持っていたのである。

イギリスのＥＵ離脱後、ＧＤＰ（国内総生産）規模で最大のユーロ非参加国になるのはポーランドである。それに次ぐのはスウェーデンやデンマークであるが、それら諸国にイギリスと同様の影響力を期待することは不可能であろう。

その場合、ユーロ圏のみに関係する問題を超えて、ＥＵ全てに影響するような問題が、ＥＵ財務相会合（Ecofin）よりも、ユーロ圏財務相会合（Eurogroup）で扱われるケースが増えるのではないかとみられている。こうしたトレンドが続けば、ユーロ非参加国はこれまで以上に周辺化されていく可能性が高い。

†階層化するＥＵ

イギリスは自らの決定により、ＥＵ離脱という、いわば究極の周辺化をするわけだが、ポーランドやその他のユーロ非参加国は、自らの意思で周辺化されるわけではない。それら諸国は「二流市民」への転落を警戒している。そうしたなかで、ユーロ未導入のチェコがユーロ圏財務相会合の「オブザーバー資格」を求めた背景には、まさにこの懸念が存在していた。[57]

中核諸国と周辺諸国という階層化は、たとえ制度的な差別化がなかったとしても、ＥＵのような大規模な枠組みにおいては不可避かもしれない。これまでのＥＵにそうした階層の違いがなかったわけでもない。

「マルチ・スピード統合」といった議論は以前から存在するし、ユーロに参加している国としていない国が存在するのは、厳然たる現実である。しかし、イギリスの離脱によってEU内のパワーバランスが変化するなかで、特に中小国の間では、新たな階層化への懸念がさらに高まっている。

ヴィシェグラード（V四）――チェコ、ハンガリー、ポーランド、スロバキアによる地域協力枠組み――においても懸念が表明されている。表向きには、EU域内でも域外でも、イギリスへの投資の一部がそれら諸国に向かうことになる期待もある。しかし同時に、ブレグジット後のEUにおけるドイツの影響力増大や階層化への懸念が増大している。

防衛協力が新たに進むようになったという側面はあっても、イギリスの離脱により、EUのさまざまな問題や内部の対立が表面化するのであれば、何とも皮肉である。そして、ブレグジット後のEUは、何より、自らの失敗を「イギリスのせい」にすることができなくなる。

†EU外交の試練

ブレグジットの影響を最も受けるEUの政策分野は外交であろう。というのも、イギリスはEU外交の「顔」や「基盤」として常に重要な役割を果たしてきたからである。リスボン条約の下での初代外交安全保障政策上級代表(EU外相)をイギリス出身のキャサリン・アシュトンが務めたのも偶然ではない。米国との関係はもちろんのこと、日本を含むアジアとの関係においても、イギリスが有するネットワークや経験、知見は、欧州対外行動庁(EEAS:EU外務省)にとっても不可欠であった。

同国のEU離脱により、それが失われるのである。EU外交が全体として弱体化することは避けられない。日本などの他国からみた場合でも、国際政治におけるアクターとしてのEUの重みや魅力が低下するといわざるを得ない。

他方でイギリスには、対米関係やNATO重視の姿勢から、EUにおける安全保障・防衛協力のうち、ヨーロッパ独自の部隊や司令部の設置などに抵抗してきたという側面もある。そのため、先述のようにブレグジットを控えてすでに、従来であれば難しかった防衛分野での協力が進みつつあるのも新たな展開である。これは安全保障・防衛を含むEU外交にプラスの影響を及ぼすだろう。さらにいえば、ブレグジットによってたとえEU外交のリソースが減少したとしても、EU外交の一体性や凝縮性が高まるのであれば、マイナス分を相殺できる可能性も生まれる。

この点は、二〇一九年一二月に就任したフォン・デア・ライエン委員長、およびボレル外交安全保障政策上級代表・欧州委員会副委員長にとっての重要な課題になる。

†EUというツールを失うイギリス

EU外交がブレグジットの負の影響を受けるのと同時に、EU離脱はイギリス外交にとっては、EUという重要な外交ツールを失うことを意味する。EUを通じた国際的影響力が失われるのである。

というのも、イギリス自体は国連安全保障理事会常任理事国であり、英連邦（コモンウェルス）の盟主ではあるものの、もはや世界大国とはいいがたい。それを補ってきたのがEUだった。

国際的な貿易交渉でパワーの源泉となるのは、一にも二にも、市場の大きさである。例えば市場開放を考えた場合に、自らの市場が大きければ、小さな譲歩でも実質的には大きなオファーとなり、より大きな見返りを要求できるのである。EUが貿易交渉において有する最大の強みは、巨大なEU単一市場である。

また、政治・安全保障面においても、EU離脱のコストは小さくない。二〇一八年三月にイングランド南部のソールズベリーで発生した元ロシアスパイの毒殺未遂事件に関して、当時のメイ政権は、ロシア政府による関与の可能性が非常に高いとして、二三名のロシア外交官追放などの措置に踏み切った。
同時に、NATOやEUを中心に各国に対しても同様の措置を求めたのである。EUは、二〇一八年三月二二日の欧州理事会（首脳会合）で、深夜まで議論を行い、結局、ロシアの関与というイギリス政府の判断を支持し、イギリスとの「無条件の連帯」を表明することになった。[58]
結果として、ドイツ、フランス、イタリアといったヨーロッパ主要国の他、親露的といわれるハンガリー、チェコ、さらには、スウェーデンやフィンランドといったいわゆる中立国も、人数は少なかったものの、イギリスに同調してロシア外交官の追放措置を実施した。
こうしたEU各国への働きかけが、EU離脱後に全て不可能になるわけではないだろう。しかし、加盟国としての欧州理事会への出席はできなくなるし、EUとしても加盟国への連帯と非加盟国への連帯の敷居や程度が違って不思議ではない。同事件は、イギリスのEUに対する働きかけの成功例だったといえるが、それは同時に、EU離脱後への懸念を浮き彫りにするものでもあった。[59]
また、EU離脱による経済的悪影響が大きくなれば、ロシアのみならず中国に対しても、さまざまな意味で脆弱になる懸念が存在する。イギリスにおいて、ロシアマネーや中国マネーの影響力が増すような事態を考えておく必要があろう。

†「グローバル・ブリテン」の夢と現実

そうしたなかでメイ、ジョンソンの両政権が打ち出してきたのが、「グローバル・ブリテン（Global Britain）」構想である。しかし、これは単一の新たな対外戦略ではなく、EU離脱によりイギリスは、「EUの足かせから自由になり、世界に羽ばたく」という、ある意味漠然としたイメージである。

「グローバル・ブリテン」において想定されている柱の一つは、アメリカ、中国、インド、日本、オーストラリアなどとのFTA（自由貿易協定）である。日本を除けばEUがFTAを締結していない諸国であり、「EUができなかったことをイギリスが行う」具体例になるかもしれないが、それが可能になる根拠には乏しいのが現実である。

さらに日本に関しては、すでに二〇一九年二月から日・EUのEPA（経済連携協定）が暫定適用されている。そのため、イギリスのEU離脱後に日英間の二国間FTAが締結される場合でも、それは日英双方にとって、新たなFTAというよりは、ブレグジットの後始末にすぎない。

しかも先述のとおり、FTA交渉を含む、国際的な貿易交渉の場において力となるのは自らの市場の大きさである。それを踏まえれば、例えば中国、日本、オーストラリアなどから、EUが確保したよりもよい条件をイギリス単体で引き出すことができると考えるとすれば、それは、現実離れだといわざるを得ない。

日本を含むそれら諸国の側は、イギリスからEUよりも良い条件を引き出そうと、いわば手ぐすね引いて待っているのである。貿易交渉とは、そうした赤裸々な闘いの場である。ただし、国際関係におけるイギリスは、経済だけの存在ではない。むしろ、安全保障や軍事（防衛）において、さまざまな比較優位を有するのがイギリスである。この点は「グローバル・ブリテン」においても強調されている。

その一つが、アジア太平洋、インド太平洋地域への安全保障・防衛上の関与の拡大である。新たに就役する英海軍の空母クイーン・エリザベスは、初の遠洋任務でアジア太平洋への展開が計画されている。

これは、アジア地域の重要性の増大によるもので、ブレグジットの結果ではないと説明されることもあり、実際、イギリスの「アジア回帰」は二〇一六年の国民投票以前から始まっている。しかし、EU離脱によって、ヨーロッパ以外のパートナー諸国との関係強化の必要性が上昇したことは否定し得ず、ブレグジットが後押しになっているのは確かだろう。これについては、日本でも好意的に受け止められており、日英関係にとっても追い風になっている。

他方で、ブレグジットによってイギリス経済が大きな打撃を受け、景気が低迷するような状況も考えなければならない。その場合、国内経済分野に予算を重点的に配分する必要が生じることや、逆に緊縮財政に向かわざるを得ない可能性もある。そうした場合に、国内の多くの有権者にとっては地球の裏側の地域への関与に、どれだけのアセット（資産）とリソースを割くべきかという問題は、今まで以上に論争的なものになりかねない。先述のとおり、ロシアや中国に対してより脆弱になってしまうシナリオも考えられる。「グローバル・ブリテン」へのコミットメントが政権レベルでは強固なものだったとしても、ブレグジット後の国内情勢次第では、その先行きは不透明であると考えざるを得ないのではないか。

少なくとも、例えば日本において、アジアの安全保障へのイギリスのコミットメントが急拡大するかのような、過度な期待をすべきではない。イギリスの置かれた国内・国外の情勢を冷徹に分析することが今後さらに必要になるのだろう。

†暗雲立ち込めるアメリカとのFTA

ジョンソンがEU離脱後の対外政策の目玉として期待するのがアメリカとのFTAであ

る。ジョンソン自身を含むイギリスの伝統的親米派にとって、EU離脱の目的の一つは、対外関係の重心を、欧州大陸から大西洋の反対側の北米大陸に移すことであり、EUの足かせのために実現できなかった米英間の「特別な関係」の再生である。ニューヨーク生まれのジョンソンにとっても、自然な発想なのだろう。

トランプ大統領とジョンソン首相との間の良好な個人的関係にも支えられ、米英FTAの気運は確実に高まっている。トランプ大統領もイギリスとのFTAに繰り返し期待を表明しているし、マイク・ポンペイオ国務長官にいたっては、署名のための「ペンをすでに握っている（pen in hand）[60]」とまで述べるなど、早期の米英FTA締結に積極的な言説には事欠かない。

しかしその裏で早速問題になっているのは、食料品の安全基準であり、例えば、鶏肉の塩素による消毒処理や遺伝子組み換え食物などの扱いが注目されている。これらは米国の安全基準では認められているが、EUでは禁止されており、イギリスにおいても、政治家、マスコミ、消費者を問わず懸念が高まっている。米国側は、塩素処理も遺伝子組み換えも、科学的に安全性が証明されており、それを禁止するのは科学的ではないと主張している。その背後には、農産品市場の解放を強く求める農業・畜産ロビーの存在もある。

アメリカはEUに対しても同様の要求を行ってきたが、EUはそれに抵抗し続けている。

もしイギリスがアメリカの基準を受け入れた場合には、イギリスとEUとの境界線での食品安全性や動植物検疫などのチェックの敷居は上がらざるを得ない。イギリスにとっては、まさに「毒薬」なのである。

医薬品の市場開放の可能性も、イギリス側では政治的論争の的になっている。というのも、FTA交渉においてアメリカ側は、医薬品市場の自由化を求める可能性が高いが、これは、イギリスの国民保健制度（NHS）に多大な影響を及ぼしかねないからである。二〇一九年一二月の下院議員選挙でも、野党労働党はこの点を追及した。

こうした状況を反映し、当初は楽観的発言を繰り返していたジョンソンも、「米国は非常にタフな交渉相手だ」、「交渉は非常に激しいものになるだろうが、妥結できる」と、若干慎重な言い回しを使うようになっている。同時に、「最も重要で大きな貿易協定は、英仏海峡の先の友人・パートナーとのものだ[61]」と述べ、EUとのFTAの重要性も強調している。

いずれにしても、構造的に明らかな点は、EU離脱でイギリスの対米交渉ポジションは低下するという現実である。「弱みにつけ込む」といえば聞こえが悪いが、相手との間の相対的な交渉パワーの見極めは、交渉の基本である。

ビル・クリントン政権の末期に米財務長官を務めた経済学者のローレンス・サマーズは、

イギリスとのＦＴＡについて、「イギリスは何のレバレッジも持っていない。イギリスは追い詰められている（desperate）。イギリスには何もない」、「イギリスはすぐに協定（アメリカとのＦＴＡ）を必要としている。相手が追い詰められているとき、最も厳しい条件を飲ませられる」[62]と述べている。さすがに現職の政府高官はここまで直截的な発言はしないだろうが、これは米国の本音であり、構造的な現実である。

†日本の対ヨーロッパ「ゲートウェイ」としてのイギリス

ブレグジットが日本に及ぼす最も大きな直接的懸念は経済的なものである。イギリスには一〇〇〇を超える日本企業が進出している。特にイギリスに製造拠点を持つ企業は、ＥＵ全域（さらには域外）から部品などの供給を受け、完成品をＥＵ市場に輸出している。ＥＵ単一市場があっての対英直接投資だったのである。

日本企業による対英直接投資は、一九八〇年代に、サッチャー政権下で急速に拡大した。一九九二年末という当時のＥＣ市場統合を見据えた動きだった。サッチャー政権自体、ＥＣの一員としてのイギリスを前面に出して投資勧誘を行った。

そうしてイギリスに進出した日本企業からすれば、イギリスのＥＵ離脱でＥＵ市場へのアクセスが制約を受けるのは、まさに「聞いていなかった」事態である。事業継続自体を再検討せざるを得ない企業も少なくない。実際、イギリスの拠点を廃止・縮小する動きが、多くの業種にわたってすでに発生している。

そのため日本政府も、国民投票直後の二〇一六年七月に、総理大臣官邸に内閣官房副長官を議長とし、関係省庁の局長級をメンバーとする「英国のEU離脱に関する政府タスクフォース」を立ち上げた。まずは情報収集に主眼を置きつつ、加えて、日本の主に経済的利益を守るための働きかけを行ってきた。

同タスクフォースは、二〇一六年九月二日の第三回会合で、「英国及びEUへの日本からのメッセージ」[63]と題する文書を採択した。経済面では離脱にともなう不確実性が長引くことへの懸念を表明し、離脱プロセスがスムーズに進むことを求め、ビジネス環境の急激な変化の緩和を要望した。基本的に経済界からの要望を集めたものであったが、政府の文書として日英両言語で発出したことから、「日本からの警告」としてイギリスのメディアでも大きく取り上げられることになった。

イギリスに進出した日本企業や、ヨーロッパとの取引がある企業の利益を最大限に守るというのは、その後も日本政府の一貫した姿勢である。

ただし、ブレグジットの日本への影響を考える際には、日本にとってのイギリスが、単に経済的なパートナーではなかった点を忘れてはならない。経済のみならず、政治・外交、安全保障に関しても、日本においてヨーロッパといえば、まずはイギリスだった歴史が長い。政治や安全保障を含めて、日本にとってのヨーロッパへの「ゲートウェイ」がロンドンだったのである。

この背景には、一九六〇年代以降、日本が国際社会に復帰し、各国との貿易条件を改善していく過程や、先進国クラブといわれたＯＥＣＤ（経済協力開発機構）に加盟するにあたり、いかに西ヨーロッパ諸国の支持を取り付けるかという局面において、イギリスの支援が極めて有効であったという歴史もある。

近年、日英間では、外務・防衛閣僚会合（いわゆる「２＋２」）をはじめ、自衛隊とイギリス軍による共同訓練・演習、さらには防衛装備品協力など、安全保障・防衛面における目覚ましい協力の発展がある。これらは、日英双方のニーズに基づいて行われているものであり、またＥＵの枠組みとも直接的には関係ないため、ブレグジットによる影響は大きくないものとみられている。日英双方とも、ブレグジットに関係なく、二国間の安全保障・防衛関係の強化を継続する意思を示している。

新たな「ゲートウェイ」探しを迫られる日本

しかし、ブレグジット後は、ＥＵへの「ゲートウェイ」としてのイギリスという役割は基本的に消滅すると考えなくてはならない。このことは、国家としてのイギリス、および日英の二国間関係の重要性を否定するものではないが、「EUにおけるイギリス」という文脈は、イギリスのEU離脱をもって終了する。

そこで日本にとっての課題は、EUへの新たな「ゲートウェイ」をどこに求めるかである。これには二つの可能性がある。第一は、EU内の他の主要国との関係を抜本的に強化する選択肢である。EU内での影響力の観点で、当然の候補となるのはドイツとフランスであろう。

先述のように、ブレグジット後のEUでは、ドイツの（相対的）影響力の増大が見込まれている。従来、ドイツに関しては、「中国に近すぎる」ないし「中国に甘い」というイメージが根強く存在し、それは日独の政治・安全保障協力にとっての阻害要因となってきた。

しかし、近年ドイツの対中認識は急速に悪化しており、中国に関する懸念における日独ギャップは縮小しつつある。そして、ブレグジット後の新たな「ゲートウェイ」探しという戦略的要請が日本の側に生じることになった。日独協力に新たに取り組むには絶好のタイミングであろう。

フランスとの政治・安全保障協力はドイツとのそれよりも数段進んでいる状況にある。

日仏間では近年、「2＋2」の実施の他、インテリジェンス協力、自衛隊とフランス軍との間での共同訓練・演習、防衛装備品協力などが進められている。特にフランスは、インド太平洋に領土と国民を擁する「インド太平洋国家」であり、この観点での平時からの協力は、さらに拡大の余地があるとみられる。

日本側の認識レベルでのハードルは、フランスの「反米」的傾向かもしれない。二〇〇三年のイラク戦争に、当時のジャック・シラク大統領がまさに体を張って反対し、ジョージ・W・ブッシュ米大統領と正面衝突した記憶は、日本の外交・安保関係者の間ではいまだに鮮明に残っているようである。そのため、フランスとの協力をアメリカが警戒するのではないかという懸念が日本側に生じることになる。米国が「特別な関係」を有するイギリスとの協力には存在しない問題点である。

しかし実際のフランスは、近年、シリアやアフリカ各地において、アメリカとの間で戦闘任務を含めて極めて密接な作戦上の協力を実現している。その度合いは、米英間よりも分野によっては密接だといえるほどである。しかしそうした認識は、日本ではなかなか広まらない。日本が外交・安全保障分野を含めて、フランスをEUにおける新たな「ゲートウェイ」にするためには、そうした認識面の変化も不可欠になるだろう。

新たな「ゲートウェイ」探しにおける第二の可能性は、独仏などとの関係強化と並行していうことだが、（ＥＵ本部の所在する）ブリュッセル、つまりＥＵ諸機関との関係強化である。ロンドン経由でブリュッセルにアプローチするようなやり方は、日・ＥＵ関係が未成熟であった時代には妥当性を有していただろう。しかし、日・ＥＵ間では、ＥＰＡとともにＳＰＡ（戦略的パートナーシップ協定）が締結され、経済に限定されない関係強化へのコミットメントが示されている状態にある。

ロンドンやパリ、ベルリン経由のブリュッセルではなく、ＥＵへの直接アプローチの強化が、日本に求められている。しかし、「まずはロンドンに話をする」というのは、長年にわたって蓄積された慣習であり、これを一朝一夕に変換することは容易ではない。日本のヨーロッパ理解をいかに多元化できるかが問われている。

イギリスとＥＵのみならず、日本を含めた他国にとっても、ブレグジットという地殻変動にいかに適応していくかは、大きな課題であり続けるのだろう。

終　章
ブレグジットは何をもたらすのか

イギリス・ドーヴァーの街には、EUの旗から星を一つ消そうとする作業員を描いた壁画が現れた。バンクシーによる作品。(FameFlynet UK／アフロ、2017年5月7日)

イギリスが国民投票でＥＵ離脱を選択した二〇一六年は、第二次世界大戦後の世界の転換点として記憶されるかもしれない。六月の国民投票での離脱派の勝利も衝撃的だったが、同年一一月のアメリカ大統領選挙でのトランプ候補の勝利はそれに追い打ちをかけるものだった。

ただし、本書冒頭で強調したように、イギリスの国民投票における離脱の選択は必然だったわけではない。どちらに転んでもおかしくなかった。同様に、トランプ勝利も必然ではなかった。実際、対立候補だったヒラリー・クリントンの方が一般投票での得票は三〇〇万票近く多かったのである。したがって、いずれのケースに関しても、必然的にそのような結果になったかのような評価には注意が必要である。

それでも、離脱派とトランプがともに勝利したという現実は変わらない。そもそも僅差という状況になっていなければ、そうした結果に転ぶこともなかった。種は確実に撒かれていたのである。それを否定することはできない。

グローバリゼーションやヨーロッパ統合に取り残された人々の不満、経済格差の拡大、移民の増加などの問題が指摘され、ポピュリスト勢力伸長の原因とされてきた。いずれも大きな政治・社会課題であり、各国における対応は緒についたばかりである。今後、状況がさらに悪化する可能性も低くはない。

しかし、今後の世界を見通すうえでは、ブレグジットもトランプ政権の誕生も、何かの結果として理解するよりは、その後に起きた、そして今後さらに起こる何かの前兆だったと捉える方がよさそうである。ひとたびそれらが現実に起きた以上、今度はそれを起点としてさまざまな結果が生まれるからである。

†タガが外れた世界

イギリスによるEU離脱の決定とトランプ政権の誕生を受けて、我々が直面しているのは、端的にいえば、従来は考えられなかったようなことが考えられるようになった世界である。何でも起こり得るし、何が起こっても驚かないという、さまざまな意味で「タガが外れた」世界だともいえる。

ブレグジットに関しては、「合意なき離脱」が回避されただけで大きな成果であるかのような議論が横行する（筆者も実際に胸をなで下ろした）。しかし、医薬品の不足によって犠牲者が発生する可能性や、スーパーから生鮮食料品が消えるといった、二一世紀のヨーロッパにおいて本来起こってよいはずのないシナリオを含む「合意なき離脱」が、選択肢として現実味をもって語られただけで、十分に異常な事態だったはずである。

高い予測不能性を有するジョンソンが首相だったことから、あらゆるリスクが現実のものとして浮上し、まわりはそれに翻弄された。政治におけるコモンセンス（常識）の消滅である。

また、トランプ政権になってからのＮＡＴＯ（北大西洋条約機構）首脳会合やＧ７首脳会合などは、ツイートを含むトランプ大統領の言動により壊滅的にならなければ、「最悪の事態は回避された」としてポジティブな評価が与えられる。何をもってよしとするのか、何が当たり前で、何が当たり前でないのかに関する我々の判断基準自体が、大きく変化してしまった。このことが気づかれにくくなっているとすれば、それこそが最も懸念すべき事態なのだといえる。

しかもその震源は、アメリカとイギリスという、第二次世界大戦後の世界を形成し、支えてきたはずの二カ国だった。それでは国際秩序の将来も覚束なくなる。しかも、今日の世界では、ブレグジットとトランプ政権という大きな衝撃がなかったとしても、既存秩序への挑戦がすでに顕在化していたのである。

戦後西側諸国が支え、冷戦後にその範囲が拡大した国際秩序は、しばしば「ルールに基づく国際秩序（rules-based international order）」と呼ばれる。日本もこの恩恵を最大限に受け、支えてきた。しかし、中国やロシアにとってこれは、まさにアメリカ主導の秩序であり、アメリカやその同盟国・友好国にとって一方的に有利な体制にみえる。そのため、中国やロシアからは盛んに異議申し立てが行われるのである。

ロシアによるウクライナのクリミア併合やウクライナ東部ドンバスへの介入、中国による南シナ海の埋め立てや軍事化、さらには国家（や共産党）が関係する企業を通じたさまざまな活動などは、ルールに基づく国際秩序への挑戦の代表例である。ディスインフォメーション（偽情報の意図的な流布）やサイバー攻撃も同様である。

トランプ政権は中露両国とのそうした状況を「戦略的競争」と表現している。アメリカの国家安全保障政策上の最優先課題を国際テロとの戦いであると規定した時代が終わったのである。代わって、中国とロシアという大国相手の競争が前面に出ることになった。ルールに基づく国際秩序を支える側の諸国の結束が、今まで以上に求められている。

こうした状況だからこそ、アメリカとイギリスの変調は、国際社会――特にそれら両国と基本的価値を共有する諸国――においてとりわけ大きな懸念を引き起こしたのである。

†ヨーロッパ統合の岐路

そして、ブレグジットにより、EU自体も岐路に立たされることになった。

戦後のヨーロッパ統合には二つの顔がある。一つは、経済思想・経済学でいうところのリベラリズム（自由主義）の系譜である。ヨーロッパ諸国は、ドイツ、フランス、イギリスといった大国でも、一国では小さすぎる。そこで国境を超えた経済活動を推進することで、規模の経済を活用し、経済成長をはかる。戦後ヨーロッパの経済統合の推進力はまさにこれであり、例えば一九九二年の域内市場統合は、ヨーロッパ統合の象徴的な到達点であり、経済の実利追求の結果であった。

そして、規模の経済を求めるからには、単一市場は大きい方がよい。EU拡大――加盟国の増加――は、域内における経済格差の拡大をもたらし、それに対処するため、結束基金などのEUレベルでの経済支援の必要性を増大させたが、それでも全体としてEUの利益になってきたことは事実である。それは、ヨーロッパ内での擬似グローバリゼーションだったといえる。単一市場の拡大は、国際政治におけるEUの力の源泉だった。

それが今回、イギリスの離脱によって縮小という初めての局面に入る。経済的利益のために「EUを使う」という発想は、他ならぬイギリスが追求してきたものであり、一九八〇年代に域内市場統合を強力に推進したのが、英保守党のサッチャー政権だったことは、改めて思い出されるべきである。この歴史の積み重ねを逆流させるのが、今回のブレグジットだといえる。

ヨーロッパ統合の第二の顔は、グローバリゼーションの荒波に抗う、いわば防波堤だった。ヨーロッパの価値を守る砦だといってもよい。国境を超えた経済活動を域内で推進しつつ、しかし、そのスタンダードは、ヨーロッパの信じる価値に則していることを確保しなければならない。この二つの間を取り持つのが、EU統合だった。

自らの力を蓄えることで、国際関係における影響力を強め、加盟国を守るのである。個別の小舟では大海原を進めないが、EUという大きな船に皆で乗ることによって、荒波や他の大きな船（大国）に対処するというイメージだった。

イギリスが離脱することの、EUにとっての最も直接的な意味は、EUのパワーの低下、つまりEUという船の小型化である。米・中・露の間の関係が戦略的競争と表現される時代にあって、EUはいかなる役割を果たし、どこに向かうのか。どのような選択を行うにしても、EUは可能な限り大きな・重い存在であり続けることが保険となる。

イギリスの離脱は、GDP比で約一五％、人口で約一三％の喪失を意味する。国連安全保障理事会常任理事国も、二カ国（英仏）から一カ国に減少する。政治・外交上のインパクトはこうした数字以上のものになるだろう。ブレグジット後のEUは、より小さなパワーで自らを守らなければならない。

これにより、可能なことの範囲が変化するとすれば、EU自体が不可避的に変質するということにもなる。端的にいって、これまでのEUではなくなるのである。

イギリスにとっては、これまでの防波堤としてのEUがなくなることを意味する。世界の荒波に単独で立ち向かわなければならないのである。前章で触れたように、例えばアメリカとのＦＴＡ（自由貿易協定）交渉でも、もはやＥＵを隠れ蓑にすることはできない。アメリカの要求が受け入れられないのであれば、自らはねつけるしかない。これも大きな試練であろう。

†「ヨーロッパの生活様式」とは何か

ブレグジット後もＥＵが守りたいものは何なのか。経済的利益はもちろんだが、究極的にはそれはヨーロッパが信奉する価値ということになる。これに何が含まれるかは、論争的な問題である。ＥＵ内にも確固としたコンセンサスがあるわけではない。

その証拠に、例えば自由や民主主義、法の支配といった基本的価値についても、ポーランドやハンガリーにおいて司法の独立性などに関して問題が指摘され、ＥＵとしての制裁措置の手続きが進行中である。制度上、最終的には、理事会などにおける投票権の停止にいたる措置が用意されている。ＥＵは、放っておいても予定調和的に成立する価値の共同体ではないのだろう。

ＥＵ基本条約（リスボン条約）第二条は、ＥＵが依拠する価値として、「人間の尊厳、自由、民主主義、平等、法の支配、少数者の権利を含む人権の尊重」を列挙し、「それらの価値は、多元主義、非差別、寛容、正義、結束、そして男女の平等が広まる加盟国の社会に共通」だとした。ここで言及されているのは、個人および社会の根本に関わる、いわば最低限のものであろう。

それをもう一段階、現実の経済・社会の文脈で具体化した概念が、「ヨーロッパの生活様式（European way of life）」だといえる。二〇一九年一二月に就任したフォン・デア・ライエン欧州委員会委員長は、欧州委員会に「我々のヨーロッパの生活様式の促進」を担当する副委員長ポストを創設した。こうした用語だけでも政治的には論争的だったものの、この副委員長に移民政策を担当させるとしたことから、欧州議会での承認プロセスでは、「ヨーロッパの生活様式」と移民との関係が問われることになった。

右派にとって、（欧州外からの）移民の存在と「ヨーロッパの生活様式」は相容れないため、この二つの担当を合体させたことには、「ヨーロッパの生活様式」への挑戦としての移民という理解が、EUレベルで承認されたことを意味していた。他方、左派からすれば、移民排除の新たな論理として「ヨーロッパの生活様式」が持ち出されたようなものであり、批判的にならざるを得ない。

フォン・デア・ライエン自身は、「ヨーロッパの生活様式」が政治的には論争を呼ぶ用語だと認めたうえで、「しかし我々は、他者に我々の言葉を奪うことを許すわけにはいかない。それは我々が誰であるかの一部だ」と述べている。そして、「ヨーロッパの生活様式」を維持するにはコストと犠牲が伴うことに触れ、さらに「それ（ヨーロッパの生活様式の存在）を当然視してはならない。与えられたものでも、保証されたものでもない。実際、我々の生活様式は毎日挑戦を受けている」[64]と述べた。フォン・デア・ライエンのいう「ヨーロッパの生活様式」への挑戦には、ロシアや中国はもちろんのこと、EU内の排外主義的な極右勢力なども含まれている。

「ヨーロッパの生活様式」が意味するものは、自由や人権といった基礎的なもの以上に、経済社会生活に関連する各種の規制である。具体的には、環境基準、食品安全性基準、労働市場などに関する規則が重要な要素となる。汚染が少なく持続可能な環境のなかで、安全な食品を口にし、正当な条件のもとで就労することを保証するのが、ヨーロッパの価値だというのである。

フォン・デア・ライエンは、独メルケル政権の与党で中道右派のキリスト教民主同盟（CDU）出身である。今後は、文化や社会的価値における保守主義と、環境や経済規制における左派的な要素をいかに両立させられるかが問われるのだろう。

その観点で「ヨーロッパの生活様式」という概念は、右派と左派がともに受け入れ可能な領域を示す新たな道しるべになることが期待されたものでもある。実際、二〇一九年五月の欧州議会選挙では、極右勢力とともに、緑の党に代表される左派が議席数を伸ばしており、この状況への対応が急務になっている。

†「テムズ川沿いのシンガポール」

ブレグジットに関連して問われるのは、「ヨーロッパの生活様式」に照らした、イギリスの立ち位置である。自由や人権、民主主義といった部分において、イギリスがヨーロッパの主流派に属することに疑問はない。健康保険に関しても、全国民を対象とした国民保険制度（NHS）を、第二次世界大戦後に世界に先駆けて導入したのはイギリスだった。環境規制や食品安全性についても、EU加盟国としてEUレベルでの規制を受け入れている。

しかし、第七章で論じたように、ジョンソン政権の交渉した二〇一九年一〇月の離脱協定は、離脱後に英国がEUの諸規制から「離れる」、すなわち、EUとは別個にイギリス独自の諸規制を導入できる範囲を拡大することが、主たる狙いの一つだった。「離れる」とした場合に、EUよりもさらに厳しい労働市場や環境に関する規則を制定する可能性は低い。

当然のことながら、想定されているのは、各種規制水準の引き下げである。労働市場や環境に関する規制水準の引き下げは、企業にとってはコストの削減につながるため、競争力の強化につながると考えられている。法人税を含む各種税率の引き下げも含まれる。イギリスが全体として、「テムズ川沿いのシンガポール(Singapore upon Themes)」になるということだと表現されることも多い。

これは、EU二七にとっては脅威となる可能性が高い。あるいは、より正確にいえば、EUの単一市場を阻害する行為ということになる。そのため、アンゲラ・メルケル独首相などは、そうしたイギリスは「競争者」になるとして警戒感を表明している。

ブレグジット後のEU・イギリス関係の構築にあたって、EUとしては、「対等な競争条件(level playing field)」をいかに確保できるか――つまり、「テムズ川沿いのイギリス」をいかに防ぐことができるか――が重要な課題となるのである。イギリスの強硬離脱派にとってこれは、EUに対して行使できる数少ないテコ(ないし脅し)である。また、メルケルに代表されるEU側からの懸念は、「規制でがんじがらめのEU」というレッテル貼りとしても使われる。

しかし、そこでの問題は、アメリカ流ともいえる、労働市場や環境に関する規制水準の引き下げを、当のイギリス国民がどこまで容認するかである。二〇一九年一二月の総選挙では労働党がこの点を争点にしたが、ジョンソンの保守党は、労働党のいわばお株を奪うように「左旋回」し、NHSへの予算投入など、「大きな政府」を目指すような政策を公約に並べた。

EUの制約を振り払って大胆に規制緩和を行うことは、保守党の一部にとってはかねてからの狙いだが、この点については保守党内でもコンセンサスがあるわけではない。EU離脱によってイギリスの労働規制や環境基準、食品安全性基準などが低下することへの国民の懸念にいかに対応できるかは、ジョンソン政権にとって重大な課題であり続ける。だとすれば、EUから離れたイギリスはどこに向かうのだろうか。答えはまだみえてこない。

政治・外交面でも、イギリスとアメリカの立場は相違が目立つ。イランやロシアへの対応、気候変動への取り組み、多国間主義の重要性などに関するギャップはその顕著な例である。これらに関してイギリスの立場はEUのそれに極めて近い。

イギリスは、アメリカとヨーロッパの橋渡し役を自認してきたが、とりわけトランプ政権下においては、橋渡しになるよりも、両者の間で引き裂かれる可能性のほうが高そうである。

†分裂する世界へ？

最後にやはり再び指摘すべきは、人間の理性・合理性への挑戦としてのブレグジットという側面であり、これは分裂に向かう世界の現状を象徴しているのかもしれない。

もっとも世界各国において、合理性とは反対の政策・政治判断がなされた事例は枚挙にいとまがない。国内政策でも対外政策でもそうである。しかし、ブレグジットほど大規模で、かつ、経済的側面にとどまらない国家的損失が当初から明確ななかで実行されるものは、他にほとんど例をみないのではないか。戦争にしても、少なくとも開始の主導権をとる側は、勝利することを想定して行動するのである。

EUとイギリスの間の離脱プロセスは、まさに勝者のいない交渉だったし、ブレグジット後の将来の関係に関する交渉は、史上初めて、経済の統合度合いを上げるためではなく、下げるために行うFTA交渉になる。

世界経済の統合が進むなかで、イギリスだけがそれに逆行しようとしているのか。それとも、ブレグジットは、世界経済が分裂に向かい始める一つの大きな象徴的事例なのか。この問いへの答えはまだ定まっていない。この観点では、米中対立が深まるなかで、米中間の経済関係を「離別（デカップリング）」に向かわせるべきだとする議論が、特にアメリカ国内で広がっていることは、示唆的かもしれない。

高度な統合を成し遂げてきたEUから加盟国が離脱し、経済的にも関係の縮小を求める事態が起こり得るのだとすれば、米中関係が離別に向かったとしても驚くべきではないのかもしれない。まさに分裂する世界だが、より構造的には「内向き化」の問題であろう。

それでも、EUとイギリスの双方で、ブレグジットをめぐる熱が冷め、経済的ショックを克服できたとき、両者は経済面のみならず、政治・外交・安全保障の多方面にわたって、最も近しいパートナーであるという現実を再発見し、新たな歩みが始まるのかもしれない。問題は、それまでにどれだけの時間がかかるかである。

あとがき

　イギリス派か否かと問われれば、私はおそらくイギリス派だと思う。学生として三年間留学し、研究者としての運転免許証といえる博士号を取得したのがロンドンだった。その後、在外研究でもイギリスの研究所に一年弱滞在した。ロンドンは、甘い思い出も苦い思い出も詰まった、特別な街である。

　ブリュッセルで大使館勤務をしていた際も、イギリスのNATO（北大西洋条約機構）代表部やNATO事務局のイギリス人スタッフには、とりわけお世話になった。日本人にしては珍しく、若干イギリス発音っぽい英語をしゃべることもあり、イギリス人に気に入ってもらえることが少なくない。イギリス、およびイギリス人は、自分を成長させてくれた国、人々である。

「天気の悪さ」や「食事の不味さ」は、イギリス人自身が半分ネタとして嘆く。大してイギリスを知らないのに、それをそのまま信じてしまっている日本人には、天気は大陸のほうが悪いことが多いし、食事だっていくらでも美味しいものがあると、ムキになって反論したりもする。

ベルギー時代に初めて自分で買った車は、イギリス車の代名詞ともいえるミニ・クーパーだった。独BMW傘下になってからのモデルだったが、イギリス製だし、形は見紛うことなくミニだった。

どの国民もユニークだが、私にとってのイギリス人は、知れば知るほど面白い観察対象でもある。愛おしいという感覚かもしれない。

EU離脱の決定は、個人的にも衝撃的だった。二〇一六年当時勤務していた防衛研究所の近くの、文字通りほぼ毎日通っていたイタリアンで同僚とランチを食べていたときに、離脱派勝利の一報に接したときのことを鮮明に覚えている。これから何が起きるのかを想像し、職場に戻る足取りが急に重くなった。

しかし、EUからの離脱はイギリス人自身が下した決定である。日本人である私は、地球の裏側から眺めるしかない。研究者として冷静な分析を心掛けつつ、それでも、イギリスからのニュースに一喜一憂していたことは否定しない。

再度の国民投票を願ったり、その後いろいろ考えて、やはり離脱してしまったほうがよいのではとの思いにいたったり、それでもしかし、世論調査で残留派が増加するとまた離脱撤回を期待してしまったり……。ジェットコースターのようなものである。長くて短い三年半だった。

日本の視点で考えれば、本書でも触れたように、対ヨーロッパ、対EU外交の基軸を、イギリスからどこに移動するかが重要な課題となる。イギリスとの関係は今後とも重要であるものの、イギリスのみにしがみついていてよい状況ではない。

そんな話をすると、「大陸派に乗り換えたのですか?」などと問われる。もちろん、EU離脱後も、日英の二国間関係は継続するし、さらに発展する分野もあるだろう。しかし、ヨーロッパは広いし、日本にとって重要なのはイギリスのみではない。イギリス派であればこそ、いわねばならない。

そのため、「はじめに」でも書いたように、ブレグジットを単にイギリス内政迷走の物語ではなく、EUを正面に据えて考えることが重要なのである。

私は、この一〇年ほど、NATOをはじめとする国際安全保障を中心に研究してきたが、日本におけるEU研究の泰斗である田中俊郎先生(現・慶應義塾大学名誉教授)の下でEUを学んだことが、研究生活の出発点だった。私にとってブレグジットは、EU研究者としての自分の基礎を再確認するプロセスでもあった。

二〇一七年に着任した慶應義塾大学総合政策学部では、講義や研究会（ゼミ）でもブレグジットを頻繁に取り上げている。講義の前に関心分野を問うアンケートをすると、学生の三分の二以上がブレグジットを挙げる。この問題はやはり関心が高い。

本書の大部分のもととなったのは、私が主任研究員を兼務する東京財団政策研究所のウェブサイトで連載された「Brexit カウントダウン」である。二〇一九年二月に、同研究所の吉原祥子研究員とやりとりするなかで、このアイディアが浮かび、ほぼ一カ月後に迫ったブレグジットを見据えて、数回に分けてウェブサイトに掲載用の論考を執筆するという約束をした。

数回だと思って始めた連載だったが、ブレグジット自体が延期に延期を重ねたために、連載も長引くことになった。結局、計二〇回を超える掲載となった。それぞれの論考は、そのときどきの情勢の分析の部分も大きく、そのまま書籍にできるようなものではなかったが、改めてまとめておく必要性を感じるようになった。

そのような折、大学院ゼミの先輩でもある慶應義塾大学法学部の細谷雄一先生に、ちくま新書をご紹介いただいた。同新書編集長の松田健さんに最初に相談に乗ってもらったのは、二〇一九年一〇月で、そこから、今回の刊行に向けて、大急ぎの作業が始まった。松田さんに引き続きお世話になりながら、編集を担当していただいた藤岡美玲さんには限られた時間のなかでご尽力いただいた。

イギリスのEU離脱日と本書の刊行日がほぼ重なったのは偶然である。ただ、そうなったために、最終段階の執筆と校正は、イギリスからのニュースを横目に見ながらの、何とも慌しい作業になった。

ウェブの連載をほとんどそのまま使った箇所もあるが、大幅に加筆、修正、構成の組み換えを行ったものが多い。初出は別掲のとおりである。

この本に取り組む前に、すでにお約束していた研究書などの計画が複数あったものの、ブレグジットの荒波に巻き込まれたことを勝手な言い訳に、本書を先に出すことになってしまった。関係者の皆様には申し訳ない。しかし、ブレグジットを見届けつつある今、それらの執筆が進まないことに関するさらなる言い訳は存在しない。

我が家の場合、ブレグジットはまさに日々の食卓の話題でもあった。妻であり同業者でもある東野篤子（筑波大学）とは、メイ首相やジョンソン首相の評価に関して、ときに論争になる。

そんな妻は、私以上のイギリス派である。子供時代の五年をロンドンで過ごし、バーミンガムに三年留学した。英語も私以上にイギリス英語である。パリにも住んだものの、美味しいお店の話はロンドンのほうが盛り上がる。グルメぶっている割には不思議な夫婦である。

食卓での論争の末に家庭の空気が微妙になることもしばしばだが、そんななかから生まれたのが本書である。妻に感謝したい。

二〇一九年一二月

ジョンソン首相の総選挙勝利の報を聞き、ブレグジットがついに実現することを認識しつつ、それでもやはり複雑な感情を抱きながら、

鶴岡　路人

ブレグジット・ガイド

一　公式文書

ブレグジットに関する最も信頼できる情報ソースは、常に公式文書である。EU 側にもイギリス側にも、ブレグジットに関する文書や声明、指導者の演説などをまとめたサイトがあり有用。各種資料を極めて容易に入手可能。

EU 公式文書

欧州委員会対英国関係タスクフォース（リスボン条約第50条タスクフォース）

https://ec.europa.eu/info/departments/task-force-relations-united-kingdom_en

バルニエ首席交渉官のもと、イギリスとの離脱交渉を担当してきたタスクフォース。EU の交渉方針、各種説明資料、イギリスとの合意文書（離脱協定、政治宣言等)、バルニエ首席交渉官やユンカー欧州委員会委員長などの声明、演説を含め、ブレグジット関連のEU 側資料のほとんどがこのウェブサイトで入手可能。

イギリス政府文書

イギリス政府ブレグジット関連情報　https://www.gov.uk/brexit

EU 離脱に関連してのイギリス国民向けの情報発信が主たる役割だが、関連する政府の文書、首相や外相、ブレグジット担当相などによる演説や声明なども収録。メイ政権からジョンソン政権への移行で、サイトの構成等も大きく変化。その一環で一時は「合意なき離脱」関連の情報が大幅に増加した。

イギリス議会ブレグジット関連情報

https://commonslibrary.parliament.uk/brexit/

イギリス議会下院図書館ブレグジット関連情報

https://www.parliament.uk/business/news/european-union/

EU との離脱協定に関連する国内法制、それらに関する解説や分析、資料集などが入手可能。

二　研究機関等

関連するシンクタンク、研究プロジェクトなど、有用なウェブサイト

CER: Centre for European Reform　https://www.cer.eu/

ロンドンに本部を置く親欧州的立場のシンクタンク。EU の諸政策に関する分析で有名。ブレグジットに関しては、政治・経済など多分野で多くの報告書、コメンタリーを発表。

IfG: Institute for Government

https://www.instituteforgovernment.org.uk/

イギリス政治に特化したシンクタンク。政府の効率性の向上を目的に設立。ブレグジットに関しては、スコットランド問題、北アイルランド問題を含めたイギリス国内の諸問題、および EU・イギリス交渉について多数の報告書を発表。

UK in a Changing Europe　https://ukandeu.ac.uk/

イギリス政府の研究資金（ESRC）により発足した研究イニシアティブ。ブレグジットを中心に EU に関する事実に基づく客観的な情報・分析の提供を目的とする。代表はロンドン大学キングス・カレッジ教授のアナン・メノンで、事務所も同大学内。多数の報告書、コメンタリーなどを刊行。

EPC: European Policy Centre　https://epc.eu/en/

ブリュッセルに本部を置く英語系シンクタンク。EU の諸政策の分析や政策提言を活発に行っている。ブレグジットに関しても、多数の報告書、コメンタリーなどを発表。

CEPS: Centre for European Policy Studies　https://www.ceps.eu/

ブリュッセルで EU に特化したシンクタンクとしては老舗。EU の諸政策・諸問題を扱う一環で、ブレグジット関連の刊行物も充実。

日本貿易振興会（JETRO）「英国の EU 離脱（ブレグジット）」

https://www.jetro.go.jp/world/europe/uk/referendum/

JETRO が特に企業向けにブレグジット関連情報を提供している。独自の分析の他、EU 文書の日本語仮訳なども掲載。

EU 離脱問題をめぐるイギリス内の情勢を知るためには、新聞・雑誌など、イギリスの各種メディアが不可欠だが、EU 側の動きについては、ブリュッセルおよび EU 各国のメディアが有用。最近は英語による発信が増加しており利便性が高まっている。

EUobserver　https://euobserver.com/
EurActiv　https://www.euractiv.com/
POLITICO Europe　https://www.politico.eu/
Euronews　https://www.euronews.com/
DW　https://www.dw.com/en/top-stories/s-9097
Spiegel International　https://www.spiegel.de/

三　関連書籍（参考文献）

日本語単行本

遠藤乾『欧州複合危機――苦悶するEU、揺れる世界』（中公新書、2016年）

クレイグ・オリヴァー（江口泰子訳）『ブレグジット秘録――英国がEU離脱という「悪魔」を解き放つまで』（光文社、2017年）

近藤康史『分解するイギリス――民主主義モデルの漂流』（ちくま新書、2017年）

庄司克宏『ブレグジット・パラドクス――欧州統合のゆくえ』（岩波書店、2019年）

高安健将『議院内閣制――変貌する英国モデル』（中公新書、2018年）

細谷雄一『迷走するイギリス――EU離脱と欧州の危機』（慶應義塾大学出版会、2016年）

細谷雄一編『イギリスとヨーロッパ――孤立と統合の二百年』（勁草書房、2009年）

益田実・山本健編『欧州統合史――二つの世界大戦からブレグジットまで』（ミネルヴァ書房、2019年）

英語単行本

Harold Clarke, Matthew Goodwin and Paul Whiteley, *Brexit: Why Britain Voted to Leave the European Union* (Cambridge: Cambridge University Press, 2017).

Geoffrey Evans and Anand Menon, *Brexit and British Politics* (Cambridge: Polity Press, 2017).

Anthony Forster, *Euroscepticism in Contemporary British Politics: Opposition to Europe in the British Conservative and Labour Parties since 1945* (London: Routledge, 2002).

Stephen George, *An Awkward Partner: Britain in the European Community*, third edition (Oxford: Oxford University Press, 1998).
Beatrice Heuser, *Brexit in History: Sovereignty or a European Union?* (London: Hurst & Co, 2019).
Christopher Hill, *The Future of British Foreign Policy: Security and Diplomacy in a World After Brexit* (Cambridge: Polity Press, 2019).
Giles Radice, *A Love Affair with Europe: The Case for a European Future* (London: Haus Publishing, 2019).
Ivan Rogers, *9 Lessons in Brexit* (London: Short Books, 2019).
Julie Smith, *The UK ˋs Journeys into and out of the EU* (Abingdon: Routledge, 2017).

初出一覧

はじめに
　書き下ろし
第一章
「Brexit カウントダウン（1）混迷する Brexit――なぜこんなことになってしまったのか……」東京財団政策研究所（2019年3月4日）
第二章
「Brexit カウントダウン（2）決断の週に向けた政治的計算――『現行合意』対『合意なし』対『延期・残留』」（2019年3月8日）
「Brexit カウントダウン（3）延期に向かう Brexit――『三度目の正直』か大幅延期か」（2019年3月18日）
「Brexit カウントダウン（5）離脱延期への厳しい対応で示された EU の本音」（2019年3月29日）
「Brexit カウントダウン（7）再度の延期による仕切り直し」（2019年4月19日）
第三章
「Brexit カウントダウン（11）首相交代で変わること・変わらないこと」（2019年6月12日）
「Brexit カウントダウン（15）ジョンソン政権の多難な船出」（2019年7月24日）
「Brexit カウントダウン（18）ジョンソン首相は何を目指しているのか」（2019年9月19日）
「Brexit カウントダウン（21）『離脱離れ』のなかでの決着へ」（2019年12月19日）
第四章
「Brexit カウントダウン（6）『主権を取り戻す』とは何だったのか」（2019年4月5日）
「Brexit カウントダウン（16）『合意なき離脱』の実像」（2019年8月9日）
「Brexit カウントダウン（12）Brexit は憲政危機なのか」（2019年6月26日）
「Brexit カウントダウン（13）連合王国分裂危機の構図」（2019年7月2日）
第五章
「Brexit カウントダウン（4）北アイルランド『安全策（バックスト

ップ）』とは何か」（2019年３月22日）
「Brexit カウントダウン（19）北アイルランド限定措置は解決策になるのか」（2019年９月25日）
第六章
「Brexit カウントダウン（８）再度の国民投票、『承認のための投票』とは何か」（2019年５月23日）
「Brexit カウントダウン（９）離脱撤回の理想と現実（前編）」（2019年５月31日）
「Brexit カウントダウン（10）離脱撤回の理想と現実（後編）」（2019年６月３日）
第七章
「Brexit カウントダウン（17）離脱後の EU・英国関係の選択肢（前編）」（2019年８月29日）
「Brexit カウントダウン（20）『ジョンソン合意』とは何か――離脱後の EU・英国関係の選択肢（後編）」（2019年11月28日）
第八章
「残り一年を切った Brexit（２）――EU はどう変わるか」笹川平和財団国際情報ネットワーク分析（2018年５月29日）
「米英『特別な関係』の行方（前編）――EU の後ろ盾を失う英国」笹川平和財団国際情報ネットワーク分析（2019年８月28日）
終章
書き下ろし

同筆者によるその他関連する論説・論文等
「Brexit で明らかになった EU の本質」『月刊金融ジャーナル』（2019年３月号）
「イギリスの TPP 参加？――まずは『ソフト Brexit』実現が優先課題」ハフポスト日本版（2018年11月19日）
「イギリスの防衛外交・防衛関与――概念の変遷と『英軍ブランド』」笹川平和財団民間防衛外交研究事業、国別事例調査報告書シリーズ（１）（2018年９月）
「岐路に立つ米欧関係と欧州『自律性』の模索」『外交』（2018年５・６月号）
「国際秩序をめぐる攻防の時代――序論」『国際安全保障』第45巻第4号（2018年3月）
「日英、日仏の安全保障・防衛協力――日本のパートナーとしての英仏

比較」『防衛研究所紀要』第19巻第1号（2016年12月）
「英国EU離脱問題への視点――欧州の政治と安全保障に何をもたらすのか」『CISTECジャーナル』（2016年11月号）

注記

1 Lord Ashcroft, "How the United Kingdom voted on Thursday... and why," Lord Ashcroft Polls, 24 June 2016. 類似の調査の類似の結果として、"How Britain voted in the 2016 EU referendum," Ipsos MORI, 5 September 2016も参照。同調査では18歳から24歳の残留票は75%、65歳から74歳の離脱投票が66%になっている。

2 Giles Radice, *A Love Affairs with Europe: The Case for a European Future* (London: Haus Publishing, 2019), p. 1.

3 Sir John Curtice, "How young and old would vote on Brexit now," BBC.com, 10 August 2018.

4 "Eurobarometer survey shows highest support for the EU in 35 years," European Parliament News, 23 May 2018.

5 "Instrument relating to the agreement on the withdrawal of the United Kingdom of Great Britain and Northern Ireland from the European Union and the European Atomic Energy Community," TF50 (2019) 61 - Commission to EU 27, 11 March 2019; "Joint Statement supplementing the Political Declaration setting out the framework for the future relationship between the European Union and the United Kingdom of Great Britain and Northern Ireland," TF50 (2019) 62 - Commission to EU 27, 11 March 2019.

6 Attorney General's Office, "Legal Opinion on Joint Instrument and Unilateral Declaration concerning the Withdrawal Agreement," 12 March 2019, para. 19.

7 "Prime Minister's letter to President Tusk: 5 April 2019," Gov.uk, London, 5 April 2019.

8 "Special meeting of the European Council (Art. 50) (10 April 2019) - Conclusions," General Secretariat of the Council, EUCO XT 20015/19, Brussels, 10 April 2019.

9 Boris Johnson, "We need the 'can do' spirit of 1960s America to help us get out of the EU," *Telegraph*, 21 July 2019. これは、テレグラフ紙コラムニストとしておそらく最後となるジョンソンの論説。米アポロ11号の月面着陸50周年を引き合いに出し、北アイルランド国境問題の解決も「やればできる」と訴えた。ただし、「どうすればできるのか」が示されたわけではない。

10 "Who can be more macho over no-deal Brexit?" *Financial Times*, 1

July 2019 (online).

11 White House, "Remarks by President Trump at Turning Point USA's Teen Student Action Summit 2019," Washington, D.C., 23 July 2019.

12 離脱手続きを定めたEUのリスボン条約第50条は、離脱期日の延期について、「当該加盟国（離脱国）との合意のもと、欧州理事会で全会一致で決定」すると述べているのみだが、離脱国からの要請に基づき他の加盟国が承認するものと理解されており、実際、2019年3月および4月にはそのような手順で延期の決定がなされた。

13 英政府による各種文書は、下記URLで閲覧可能。https://www.gov.uk/government/brexit (last accessed 7 August 2019).

14 これらの点については、例えば、Joe Owen, Maddy Thimont Jack and Jill Rutter, "Preparing Brexit: No Deal," *IfG Insight*, Institute for Government, 29 July 2019が参考になる。

15 数字は全て、"Election 2019: Results," BBC, 13 December 2019 から。

16 "Political trackers (5-6 Dec update) ," YouGov, 8 December 2019.

17 Alan Milward, *The European Rescue of the Nation-State*, second edition (London: Routledge, 2000).

18 Joseph Grieco, "The Maastricht Treaty, Economic and Monetary Union and the Neo-Realist Research Programme," *Review of International Studies*, Vol. 21, No. 1 (January 1995), pp. 21-40.

19 "Norway to Britain: Don't leave, you'll hate it," Politico.eu, 15 June 2016.

20 "PM's speech on new Brexit deal: 21 May 2019," Gov.uk, London, 21 May 2019.

21 Anand Menon and Alan Wager, "Is Brexit a constitutional crisis, or a political one? The answer matters," LSE Blog, 10 April 2019.

22 "Scottish independence: Yes vote climbs to 49%," YouGov, 27 April 2019.

23 "Let Trump Handle Brexit: An Explosive Leaked Recording Reveals Boris Johnson's Private Views About Britain's Foreign Policy," BuzzFeed News, 8 June 2018.

24 "Most Conservative members would see party destroyed to achieve Brexit," YouGov, 18 June 2019.

25 Tim Bale, "Britain's party members: who they are, what they think, and what they do," Mile End Institute, Queen Mary, University of

London (January 2018).

26 "Joint report from the negotiators of the European Union and the United Kingdom Government on progress during phase 1 of negotiations under Article 50 TEU on the United Kingdom's orderly withdrawal from the European Union," TF50 (2017) 19 – Commission to EU27, Brussels, 8 December 2017, paragraph 43.

27 European Commission, "Statement by the European Commission following the working lunch between President Jean-Claude Juncker and Prime Minister Boris Johnson," Press Release, IP/19/5579, Luxembourg, 16 September 2019.

28 この表現のオリジナルは1971年の創設から40年近くにわたってDUP党首の座にあり、北アイルランド自治政府首相を務めたイアン・ペイズリーが、2001年に当時のトニー・ブレア英首相に対して述べた「人はブリティッシュかもしれないが、牛はアイリッシュだ」という言葉。ペイズリーの発言は、北アイルランドの家畜がイギリス内の自由移動から除外されている状況を問題視し、そうした措置の撤廃を求める趣旨だった。"Ian Paisley 'Irish Cow' claim quoted by Boris Johnson," The Irish News, 27 September 2019. そのため、「人はブリティッシュだが、牛はアイリッシュ」を解決策にしようとするジョンソンの姿勢は、ペイズリーの議論とは方向性が正反対であり、引用としては誤用に近い。

29 この問題についての詳細でバランスのとれた分析としては、以下が参考になる。Tony Connelly, "Brexit Gamble: Boris Johnson and the NI-only backstop," RTÉ.ie, 14 September 2019; Charles Grant, "Deal or no deal? Five questions on Johnson's Brexit negotiation," *CER Insight*, Centre for European Reform, 20 September 2019.

30 Lord Ashcroft, "My Northern Ireland survey finds the Union on a knife-edge," Lord Ashcroft Polls, 11 September 2019.

31 例えば、Eoin Drea, "Unification, not no-deal Brexit, will destroy Ireland," Politico.eu, 18 September 2019を参照。

32 ただし、自国内に分離独立運動を抱えるスペインなどが独自の主張をし、さまざまな条件を持ち出すような可能性は十分に考えられる。

33 Council of the EU, "Report and concluding remark by President Donald Tusk to the European Parliament on the Special European Council (Art. 50) meeting on 10 April," Speech, 307/19, 16 April 2019.

34 “Andrea Leadsom quits: Resignation letter in full,” BBC, 22 May 2019.

35 “Judgement of the Court (Full Court): Reference for a preliminary ruling — Article 50 TEU — Notification by a Member State of its intention to withdraw from the European Union — Consequences of the notification — Right of unilateral revocation of the notification — Conditions,” Case C-621/18, Court of Justice of the European Union, Luxembourg, 10 December 2018.

36 “What do the public think about a ‘No Deal’ Brexit?” YouGov, 4 April 2019.

37 “Where we stand on Brexit,” YouGov, 1 March 2019.

38 2019年10月末の離脱を前提とした同年３月の時点でのイギリス政府試算。精算金の総額についてはさまざまな数字が言及されてきたが、離脱時期が延期されれば精算金は減少する。これは、イギリスがすでにコミットしていた2020年末までの現行の多年次財政枠組み（MFF）の期間については、従来通りに拠出することが離脱協定で合意されているからである。離脱が延期されれば、加盟国である期間が長くなり、その間のEU予算への拠出は加盟国としての通常の拠出金として処理されるために、精算金として支払われる部分が減少するとの構造になっている。いずれにしても、2019年３月末から2020年末までの分のイギリスの財政負担（加盟国としての拠出金と精算金）の総額に変化はない。最新の英政府試算については、下記を参照。Office for Budget Responsibility, *Fiscal Risks Report: July 2019*, Stationery Office, London, July 2019, pp. 165-166.

39 ここでの分類は大雑把なものであり、実際にはさまざまな例外やニュアンスが存在する。例えばトルコはEUと関税同盟を締結しているため、EUの域外共通関税に縛られ、独自の関税率の適用はできない。FTAに関しては、EUが第三国とFTAを締結する際に、並行して当該諸国とFTAの交渉を行うのがトルコの基本方針になっている。加えて、関税同盟でカバーされていない領域についてはFTA・EPA（経済連携協定）を締結することが可能である。2014年12月以降、日本とトルコとの間ではEPA交渉が行われている。EUとの関係における日・トルコEPAの位置づけについては、下記を参照。“Report of the Joint Study Group for an Economic Partnership Agreement (EPA) between the Republic of Turkey and Japan,” 31 July 2013, pp. 3-5.

40 HM Government, "Alternatives to membership: possible models for the United Kingdom outside the European Union," Stationery Office, London, March 2016, p. 43.

41 "Letter from the Prime Minister to Jean-Claude Juncker, President of the European Commission," 10 Downing Street, London, 2 October 2019.

42 "Political declaration setting out the framework for the future relationship between the European Union and the United Kingdom," Council of the European Union, Brussels, 22 November 2018.

43 "Political declaration setting out the framework for the future relationship between the European Union and the United Kingdom (Revised Political Declaration)," Council of the European Union, Brussels, 17 October 2019.

44 Sam Lowe, "What Boris Johnson' EU-UK free trade agreement means for business," *Insight*, Centre for European Reform (CER), 5 November 2019; Anand Menon and Jonathan Portes, "Boris Johnson's Brexit deal would make people worse off than Theresa May's," *The Guardian*, 13 October 2019.

45 The Conservative and Unionist Party, Get Brexit Done, Unleash Britain's Potential, The Conservative and Unionist Party Manifesto 2019, November 2019, p. 5. なお、同マニフェストでは、「移行期間(transition period)」ではなく、「履行期間(implementation period)」という言葉が使われた。「移行」の場合、まだ完全には離脱していない印象がある。そのため、すでに離脱したものを「履行」するという側面を強調するために、保守党を含む離脱派の間ではしばらく前から「履行期間」という用語が意図的に使われていた。マニフェストもその用語法を採用したのだろう。しかし、移行期間の主たる目的は離脱後のEU・イギリス関係の構築に関する交渉であり、離脱協定の履行のために期間が必要なわけではない。

46 暫定的合意が成立した諸国のリストは、下記を参照。これら諸国との間ではEUとの間で発効していたFTAなどの既存の取り決めがほぼ同条件でイギリスに適用され続けることになる。"UK trade agreements with non-EU countries in a no-deal Brexit," Gov.uk, 15 Auguest 2019 (last updated 14 November 2019). 日本との同種の協定の締結はイギリス側が望んだものの妥結にいたらなかったが、日英両国政府は、2019年9月20日に、適合性評価の結果に関する相互承認

を継続することに関する書簡の交換を行い、「合意なき離脱」の際にも相互承認が継続することになった。"UK-Japan exchange of letters on mutual recognition," Gov.uk, 20 September 2019.

47 "EU looks at extending Brexit transition period beyond 2020," *The Guardian*, 14 December 2019.

48 "UK officials will stop attending most EU meetings from 1 September," Press Release, Departmet for Exiting the European Union, 20 August 2019.

49 Nathalie Tocci, "Interview with Nathalie Tocci on the Global Strategy for the European Union's Foreign and Security Policy," *The International Spectator*, Vol. 51, No. 3, p. 2.

50 Stephen George, *An Awkward Partner: Britain in the European Community*, third edition (Oxford: Oxford University Press, 1998).

51 "Brexit – Implications for the EU and Sweden (2017:2op)," Swedish Institute for European Policy Studies (Sieps), June 2017.

52 Calorine de Gruyter, "There is Life for the EU after Brexit," *Commentary*, European Council on Foreign Relations, 28 March 2018.

53 "Brexit distances UK from its Danish ally," *Financial Times*, 21 September 2016 (online).

54 例えば、Laszlo Koczy, "How Brexit affects European Union power distribution," *Discussion Papers*, Centre for Economic and Regional Studies, Hungarian Academy of Sciences, May 2016; Werner Kirsch, "Brexit and the Distribution of Power in the Council of the EU," *CEPS Commentary*, Centre for European Policy Studies, November 2016 などを参照。

55 "Finance ministers from Denmark, Estonia, Finland, Ireland, Latvia, Lithuania, the Netherlands and Sweden underline their shared views and values in the discussion on the architecture of the EMU," 6 March 2018.

56 "The Hanseatic League 2.0," *Financial Times*, 7 November 2017 (online).

57 "Czechs may seek observer seat at beefed-up Eurogroup," EURACTIV.com, 22 August 2017.

58 "European Council conclusions on the Salisbury attack," Brussels, 22 March 2018.

59 鶴岡路人「英国での元スパイ毒殺未遂事件に、なぜ欧州は強く反応

したのか」ハフポスト（日本版）、2018年４月２日。

60 “US is ready ‘pen in hand’ for trade deal with UK, says Mike Pompeo,” *Financial Times*, 8 August 2019.

61 “Boris Johnson: UK-US trade deal will be a ‘tough old haggle’,” Politico.eu, 13 August 2019.

62 “Post-Brexit UK ‘desperate’ for Trump trade deal, former US treasury secretary says,” Politico.eu, 6 August 2019.

63 イギリスのEU離脱に関する政府タスクフォース「英国及びEUへの日本からのメッセージ」(2016年９月２日)。

64　引用は全て、“Von der Leyen on ‘European way of life’: We can't let others ‘take away our language’,” Politico.eu, 16 September 2019から。

凡例：2009年発効のリスボン条約により、EUの司法組織の総称はEU司法裁判所（Court of Justice of the European Union:CJEU）になった。欧州司法裁判所（European Court of Justice:ECJ）は通称であり、条約に規定された名称ではない。しかし、法的な文書を除き、EUの刊行物でも、EU首脳や各国首脳の発言などでも、CJEUよりはECJが使われるケースが圧倒的に多い。そこで本書では、EUの司法組織を示す際には基本的にECJの名称を用いた。

ちくま新書
1477

EU離脱《りだつ》
――イギリスとヨーロッパの地《ち》殻変動《かくへんどう》

二〇二〇年二月一〇日　第一刷発行

著者　鶴岡路人（つるおか・みちと）

発行者　喜入冬子
発行所　株式会社　筑摩書房
東京都台東区蔵前二-五-三　郵便番号一一一-八七五五
電話番号〇三-五六八七-二六〇一（代表）
装幀者　間村俊一
印刷・製本　三松堂印刷　株式会社

ISBN978-4-480-07287-0 C0231

ちくま新書

1262 分解するイギリス——民主主義モデルの漂流 近藤康史

EU離脱、スコットランド独立——イギリスは政治の機能不全で分解に向かいつつある。もはや英国議会政治は民主主義のモデルたりえないのか。危機の深層に迫る。

1327 欧州ポピュリズム——EU分断は避けられるか 庄司克宏

反移民、反グローバル化、反エリート、反リベラルが世界を席巻！　EUがポピュリズム危機に揺れる理由は、その統治機構と政策にあった。欧州政治の今がわかる！

1377 ヨーロッパ近代史 君塚直隆

なぜヨーロッパは世界を席巻することができたのか。「宗教と科学の相剋」という視点から、ルネサンスに始まり第一次世界大戦に終わる激動の五〇〇年を一望する。

1400 ヨーロッパ現代史 松尾秀哉

第二次大戦後の和解の時代が終焉し、大国の時代が復活し、危機にあるヨーロッパ。その現代史の全貌を、国際関係のみならず各国の内政との関わりからも描き出す。

1147 ヨーロッパ覇権史 玉木俊明

オランダ、ポルトガル、イギリスなど近代ヨーロッパ諸国の台頭は、世界を一変させた。本書は、軍事革命、大西洋貿易、アジア進出など、その拡大の歴史を追う。

1017 ナショナリズムの復権 先崎彰容

現代人の精神構造は、ナショナリズムとは無縁たりえない。アーレント、吉本隆明、江藤淳、丸山眞男らの名著から国家とは何かを考え、戦後日本の精神史を読み解く。

1236 日本の戦略外交 鈴木美勝

外交取材のエキスパートが読む世界史ゲームのいま。「歴史」の和解と打算、機略縦横の駆け引き、舞台裏で支えるキーマンの素顔……。戦略的リアリズムとは何か！